# EXPLICATION

DES

# ORDONNANCES

# DE LOUIS XV.

*CONCERNANT*

LES DONATIONS ET LES TESTAMENS.

# EXPLICATION
DES
# ORDONNANCES
## DE LOUIS XV.
### ROI DE FRANCE ET DE NAVARRE.

*CONTENANT*

L'Ordonnance du mois de Février 1731. concernant les Donations.

L'Ordonnance du mois d'Août 1735. concernant les Testamens.

NOUVELLE EDITION,

Revue, corrigée, & considérablement augmentée.

*TOME I.*

A TOULOUSE,

Aux dépens du Sr. JEAN-FRANÇOIS FOREST.

*Avec Approbation & Privilege du Roi.*

M. DCC. LXII.

# TABLE

## DES ARTICLES

### Contenus en l'Ordonnance des Donations.

ARTICLE I. *Les Donations doivent être faites par acte public, & il en doit rester minute à peine de nullité,* page 5

ART. II. *Formalités des actes de Donation entre-vifs,* 9

ART. III. *De la forme des Donations à cause de mort,* 12

ART. IV. *Des Donations entre-vifs qui ne peuvent valoir en cette qualité, ne valent pas comme disposition à cause de mort,* 15

ART. V. *Quelles Donations doivent être acceptées,* 19

ART. VI. *L'acceptation doit être expresse sans pouvoir être suppléée par la présence du Donataire, ni par aucun autre équipollent,* 23

ART. VII. *Par quelles personnes peuvent être acceptées les Donations faites aux mineurs de vingt-cinq ans, & aux interdits,* 25

ART. VIII. *Qui peut accepter les Donations faites aux lieux pieux,* 30

ART. IX. *De l'acceptation des Donations faites aux femmes mariées,* 34

ART. X. *Exception pour les Donations faites en contrat de mariage,* 38

TABLE.

ART. XI. *La Donation faite au Donataire & à ses enfans à naître, ou chargée de substitution, n'a besoin que de l'acceptation du premier Donataire,* 44

ART. XII. *La Donation faite à un ou plusieurs personnes existantes conjointement avec d'autres, qui sont à naître, vaudra pour tous en vertu de l'acceptation qui sera faite par les Donataires existans ou à leur nom,* 49

ART. XIII. *Les institutions contractuelles, & les dispositions à cause de mort faites en contrat de mariage, sont bonnes sans acceptation,* 50

ART. XIV. *Les mineurs ou autres privilegiés ne sont pas restitués envers le défaut d'acceptation,* 60

ART. XV. *Défenses de comprendre dans les Donations les biens à venir à peine de nullité, même pour les biens présens,* 64

ART. XVI. *Défenses de charger le Donataire des dettes & charges de la succession au-de-là de celles qu'il est obligé de supporter de droit, & de la reservation d'un effet ou d'une somme pour en disposer,* 71

ART. XVII. *Exception à l'Article XV. pour les Donations faites en contrat de mariage en faveur des conjoints, ou de leurs descendans,* 77

ART. XVIII. *Exception à l'Article XVI. pour les Donations en contrat de mariage,* 82

ART. XIX. *Les Donations en contrat de mariage en ligne directe, n'ont pas besoin d'insinuation,* 87

ART. XX. *Quelles Donations sont sujettes à l'insinuation,* 91

ART. XXI. *L'augment, l'agencement, le gain de nôces, ou de survie & autres conventions matrimoniales sont bonnes sans insinuation,* 95

ART. XXII. *Les Donations des meubles lors qu'il y a tradition réelle, ni celles qui n'excédent pas la somme de 1000. liv. n'ont pas besoin d'être insinuées,* 98

ART. XXIII. *Dans quels lieux l'insinuation doit être faite, & dans quel délai,* 101

ART. XXIV. & XXV. { *De la forme en laquelle l'insinuation des Donations doit être faite,*
*Obligations des dépositaires des Régistres des insinuations,* 109

ART. XXVI. *L'insinuation faite dans les délais a un effet retroactif au jour de la Donation; que si elle est faite après les délais, la Donation n'a d'effet que du jour de l'insinuation.* 110

ART. XXVII. *Quelles personnes peuvent opposer le défaut d'insinuation,* 115

ART. XXVIII. *Le défaut d'insinuation peut être opposé à la femme mariée,* 120

ART. XXIX. *Le recours contre le mari ne peut être exercé quand la donation est faite à la femme pour bien paraphernal, à moins que le mari n'en eût eu l'administration,* 122

ART. XXX. *Le mari ni ses héritiers, ou ayant cause, ne peuvent point opposer à la femme le défaut d'insinuation à moins que la Donation ne soit faite pour bien parafernal dont elle a joüi,* 128

ART. XXXI. *Les tuteurs, curateurs & autres administrateurs ne peuvent pas opposer le défaut d'insinuation aux mineurs & autres, dont ils administrent les biens,* 131

ART. XXXII. *Les mineurs ni les autres personnes, ou lieux privilegiés ne sont pas restitués envers le défaut d'insinuation, sauf leur recours contre les tuteurs ou autres administrateurs,* 132

ART. XXXIII. *Exception en faveur du Parlement de Flandres à l'égard des articles précédens touchant l'insinuatiõ,* 134

ART. XXXIV. *De quelle manière les légitimes des enfans peuvent être réprises sur les Donations entre-vifs,* 135

ART. XXXV. *Les dots sont sujettes au retranchement pour les légitimes des enfans du constituant dans le même ordre que les Donations, sans attendre la mort du mari, & quoique la fille ait rénoncé à la succession, ou que par la coûtu-*

*me elle en soit excluë moyennant la dot,* 141
ART. XXXVI. *De quelle manière le donataire des biens présens & à venir peut être chargé des legitimes,* 144
ART. XXXVII. *De quelle manière les legitimes doivent être payées, lorsque le donataire s'en tient aux biens extans lors de la donation, & qu'il rénonce aux biens à venir,* 148
ART. XXXVIII. *De quel jour la prescription peut courir en faveur des donataires contre les légitimaires,* 151
ART. XXXIX. *De la révocation des Donations par la survenance d'enfans,* 152
ART. XL. *Extension de l'Article précédent,* 157
ART. XLI. *Si la révocation de la Donation a lieu, quoique le donataire soit demeuré en possession des biens, & depuis quel tems les fruits doivent-ils être restitués,* 159
ART. XLII. *Les biens compris dans la Donation révoquée rentrent dans le patrimoine du donateur, libres des hipotéques, même de la dot, & autres conventions matrimoniales de la femme du donataire,* 161
ART. XLIII. *La Donation révoquée ne peut revivre ni être confirmée par aucun Acte,* 165
ART. XLIV. *Toute rénonciation à la révocation de la Donation par survenance d'enfans est nulle,* 168
ART. XLV. *Quelle prescription peut être opposée pour exclurre le retour des biens donnés, lorsque la Donation est révoquée par survenance des enfans,* 169
ART. XLVI. *Les dons mutuels & autres donations faites entre mariés, autrement que par les contrats de mariage & les donations faites par les pères à leurs enfans de famille sont exceptées des dispositions de cette Ordonnance,* 175
ART. XLVII. *La présente Ordonnance ne doit avoir lieu que pour l'avenir, & du jour de l'enrégistrement.* 179

Fin de la Table des Articles de l'Ordonnance du mois de Février 1731.

ORDONNANCE

# ORDONNANCE DE LOUIS XV.

## ROI DE FRANCE ET DE NAVARRE.

*Donnée à Verſailles au mois de Février* 1731.

## CONCERNANT LES DONATIONS.

LOUIS PAR LA GRACE DE DIEU, ROI DE FRANCE ET DE NAVARRE: A tous préſens & à venir, SALUT. La Juſtice devroit être auſſi uniforme dans ſes Jugemens, que la Loi eſt une dans ſa diſpoſition, & ne pas dépendre de la difference des tems & des lieux comme elle fait gloire d'ignorer celle des perſonnes. Tel a été l'eſprit de tous les Legiſlateurs; & il n'eſt point de Loix qui ne renferment le vœu de perpetuité & de l'uniformité: leur principal objèt eſt de prévenir les Procès encore plus que de les terminer; & la route la plus ſûre pour y parvenir, eſt de faire regner une telle conformité dans les déciſions, que ſi les Plaideurs ne ſont pas aſſez ſages pour être leurs premiers Juges, ils ſçachent au-moins que dans tous les Tribunaux, ils trouveront une Juſtice toûjours ſemblable à elle-même par l'obſervation conſtante des mêmes régles; mais comme ſi les Loix & les Jugemens devoient éprouver ce caractère d'incertitude & d'inſtabilité qui eſt preſque inſéparable de tous les Ouvrages humains, il arrive quelquefois que, ſoit par un defaut d'expreſſion, ſoit par les différentes manières d'enviſager les mêmes objèts, la variété des Jugemens forme d'une ſeule Loi, comme autant de Loix différentes, dont la diverſité, & ſouvent l'oppoſition, contraire à l'honneur de la Juſtice, le ſont encore plus au bien public. De là naît en effèt cette multitude de conflits de Juriſdiction, qui ne ſont formés par un Plaideur trop habile, que pour éviter par le changement de Juges, la Juriſprudence qui lui eſt contraire, & s'aſſurer celle qui lui eſt favorable; enſorte que le fonds même de la conteſtation ſe trouve decidé par le ſeul Jugement qui régle la compétence du Tribunal. Notre amour pour la Juſtice, dont nous regardons l'adminiſtration comme le premier devoir de la Royauté, & le déſir que Nous avons de la faire reſpecter également dans tous nos Etats, ne nous permettent pas de tolérer plus long tems une diversité de Jurisprudence qui produit de si grands inconvéniens. Nous aurions pû la faire cesser avec plus d'éclat & de satisfaction pour Nous, si Nous avions differé de faire publier le corps des Loix qui seront faites dans cette vûë, jusqu'à ce que toutes les parties d'un projèt si important eussent été également achevées; mais l'utilité qu'on doit attendre de la perfection de cet Ouvrage ne pouvant être aussi prompte que Nous le désirerions, notre affection pour nos Peuples, dont Nous préférerons toujours l'intérêt à toute autre considération, Nous a determiné à leur procurer l'avantage présent de profiter, au-moins en partie, d'un travail dont Nous nous hâterons de leur faire bientôt recüeillir tout le fruit, & nous leur en donnons comme les prémices, par la décision des Questions qui regardent la nature, la forme & les charges, ou les conditions essentielles des Donations; matière qui, soit par sa simplicité, soit par le peu d'opposition qui s'y trouve entre les principes du Droit Romain, & ceux du Droit François, Nous a paru la plus propre à fournir le premier exemple de l'exécution du plan que Nous nous sommes proposé. Avant que d'y établir des régles invariables, Nous avons jugé à propos de Nous faire informer exactement par les principaux Magistrats de nos

Parlemens & de nos Conſeils ſupérieurs, des différentes Juriſprudences qui s'y obſervent, & Nous avons eu la ſatisfaction de voir dans l'expoſition des moyens propres à les concilier, que ces Magiſtrats, uniquement occupés du bien de la Juſtice, Nous ont propoſé ſouvent de préférer la Juriſprudence la plus ſimple, & par là même, la plus utile, à celle que les préjugés de la naiſſance & une ancienne habitude pouvoient leur rendre plus reſpectable; ou s'il y a eu de la diverſité de ſentimens ſur quelques Points, elle n'a ſervi, par le compte qui Nous en a été rendu dans notre Conſeil, qu'à dévéloper encore plus les véritables principes que nous devons ſuivre, pour rétablir ſucceſſivement dans les différentes matières de la Juriſprudence où l'on obſerve les mêmes Loix, cette uniformité parfaite qui n'eſt pas moins honorable au Légiſlateur, qu'avantageuſe à ſes Sujèts. A CES CAUSES, & autres à ce nous mouvans, de l'avis de notre Conſeil & de notre certaine ſcience, pleine puiſſance & autorité Royale, Nous avons dit, declaré, & ordonné, diſons, declarons, ordonnons & Nous plaît, ce qui ſuit.

# ARTICLE PREMIER.

**Tous Actes portant Donations entre-vifs, seront passez pardevant Notaires, & il en restera minute à peine de nullité.**

CET Article fait deux changemens considérables en la Jurisprudence qui s'observoit en différens Parlemens du Royaume, du nombre desquels est le Parlement de Toulouse, où l'on regardoit comme indifférent, pour la validité d'une Donation entre-vifs, qu'elle fût passée pardevant Notaires, ou sous signature privée ; & plus indifférent encore, lorsqu'elle avoit été passée par Acte public, que la minute eût resté entre les mains du Notaire, ou qu'elle eût été delivrée aux Parties.

Lorsqu'au Parlement de Toulouse, & autres Païs du Droit écrit, on jugeoit une Donation faite sous signature privée, aussi valable que celle passée pardevant Notaire, on ne faisoit que se conformer à la disposition du Droit, & de la Loi 13. entr'autres de *Donat. au Cod.* où il est dit, qu'on peut valablement donner, même par une Lettre ou Billet ; *si aliquid per Epistolam donatum tibi probetur, brevitas chartulæ donationi nihil quidquam derogat*, & on n'étoit point touché de la Jurisprudence contraire, qui s'observoit dans le Païs Coûtumier ; parce qu'on n'ignoroit pas les raisons particulières sur lesquelles elle étoit fondée : ces raisons prises de ce que dans les Païs Coûtumiers, ainsi que nous l'observerons en son lieu, la liberté de disposer à cause de mort étant restrainte par les Coûtumes, en faveur des Héritiers du sang, il falloit que la Donation qualifiée entre-vifs fût constatée par un Acte public, pour sçavoir en quel tems, & dans quelles circonstances elle avoit été faite; au lieu que dans le Païs du Droit Ecrit, tout particulier pouvant disposer librement de ses biens, soit entre-vifs, soit à cause de mort, & pouvant disposer entre-vifs, jusques à toute extremité de vie, la preuve de la Donation par un Acte sous signature privée paroissoit suffisante, si non contre les Créanciers & les tiers-Acquereurs, du moins contre les Héritiers du Donateur, ou contre le Donateur même.

Quoiqu'il en soit, il plaît aujourd'hui à Sa Majesté, d'assujettir tous ses Sujets à une même Loi, sans distinction des Païs Coûtumiers & des Païs du Droit écrit, & il ne peut plus y avoir là-dessus matière de contestation. Cette Loi même pourroit bien n'être pas regardée comme nouvelle, si on refléchissoit que par la Déclaration du mois de Février 1549. donnée en interprétation de l'Ordonnance de 1539. il est permis à un Donataire d'accepter après la Donation & en l'absence du Donateur; mais à condition toutes fois & non autrement, que l'acceptation soit faite par Acte public; car puisque suivant cette Déclaration, l'acceptation qui fait partie de la Donation, & cette partie de l'Acte qui contient l'engagement du Donataire, ne doit être comptée pour rien, lorsqu'elle est faite sous signature privée, il semble qu'on peut naturellement conclurre, qu'il en doit être de même de cette autre partie de l'Acte qui contient l'engagement du Donateur, ou de l'Acte qui contient l'engagement réciproque du Donateur & du Donataire.

Jusques ici, & dans les Païs même où la Donation étoit declarée nulle, si elle n'avoit été retenuë par Acte public, on jugeoit que le Donataire avoit du-moins une action pendant la vie du Donateur, pour le forcer à reconnoître son seing; & que pourvû que cette reconnoissance fût faite & demandée en tems non suspect, le moyen de nullité, pris de ce que la Donation avoit été faite sous ſignature privée, ne pouvoit être opposé, ni par le Donateur, ni par ſes Héritiers; mais l'Article de l'Ordonnance que nous expliquons, voulant que tous Actes de Donation entre-vifs, ſoient paſſés pardevant Notaires, en prononçant indéfiniment & indiſtinctement la clauſe irritante, à peine de nullité, on ne pourroit que regarder aujourd'hui l'Acte ſous ſignature privée, comme auſſi peu obligatoire contre le Donateur lui-même, que contre ſes Héritiers; c'eſt-à-dire, que le Donateur pourroit revenir lui-même impunement contre ſon propre fait, & qu'il pourroit, ſans deſavoüer ſon ſeing & ſa ſignature, inſiſter qu'il n'avoit contracté ni pû contracter aucune obligation par un Acte abſolument nul.

Lorſque la Donation eſt de quelque effet mobiliaire, il ne faut pas douter qu'elle ne ſoit valable, quoique faite verbalement & ſans écriture; mais bien entendu pourtant, qu'elle ſoit accompagnée d'une tradition réelle & effective: car ſi la Donation étoit, par exemple, d'une certaine ſomme, ou de certains effets mobiliers, que le Donateur s'obligeât de delivrer au Donataire après ſa mort, ou dans un autre tems, il n'y a pas de difficulté qu'il ne fallût en ce dernier cas un Acte; & un Acte public; ſans quoi le Donataire ne ſçauroit, le cas échéant, exercer ſon action contre le Donateur ou ſes Héritiers.

Quelques Auteurs, du nombre deſquels eſt *M. Ricard, Tome* 1. *page* 196. *n.* 884. ont écrit, que cette néceſſité d'un Acte public, pour la validité des Donations, peut être fondée ſur la nature même des Donations entre-vifs, regardées comme irrévocables, comme obligatoires de part & d'autre, & qu'il ne doit pas dépendre des Parties de rendre inutiles & ſans effet, comme elles le pourroient ſans difficulté, ſi elles n'étoient liées que par une écriture privée; mais ils n'ont pas reflechi, que cette raiſon conduiroit également à la néceſſité d'un Acte public, en tous autres Contrats & conventions, qui contiennent aussi des engagemens réciproques & irrévocables de part & d'autre, quoique *l'Ordonnance de Moulins & celle de 1667. Titre des faits qui gisent en preuve*, laissent aux Parties la liberté du choix de l'Acte public ou de la signature privée, cette raison ne conclud donc rien parcequ'elle prouveroit trop; & il faut s'en tenir necessairement à la première, prise de l'interêt des Héritiers du sang.

Il est vrai que cette raison, prise de l'interêt des Héritiers du sang, est particulière aux Païs Coûtumiers, & ne peut être d'aucune considération dans les Païs du Droit écrit, où tous les plus proches parens n'ont pas plus de droit sur les biens du Donateur avant ou après sa mort, qu'en auroit une personne étrangère : mais, Sa Majesté se proposant d'établir une Jurisprudence uniforme, étoit-il raisonnable qu'Elle assujettit les Païs Coûtumiers à nos usages, plûtôt que de nous assujettir nous-mêmes aux usages des Païs Coûtumiers ? Non sans doute, que dans les Païs du Droit écrit, on ne puisse donner que par Acte public : on ne voit à cela aucun inconvénient; mais l'inconvénient seroit grand, si dans les Païs Coûtumiers, il étoit permis de donner sous signature privée : Ce seroit ouvrir la porte à toutes les fraudes que l'on voudroit pratiquer, pour se joüer de la Coûtume, & pour enlever aux proches parens par des dispositions faites à toute extrêmité de vie, des biens dont ils sont comme saisis par la Coûtume, dès que le défunt, avant la maladie dont il est decédé, n'en a pas disposé par des Actes entre-vifs; après tout, & puisque dans l'esprit de l'Ordonnance, ainsi que nous le verrons dans son lieu, la formalité de l'insinuation devoit être une des conditions necessaires pour la validité des Donations, par rapport même aux Heritiers du Donateur, on ne voit pas comment cette nécessité d'insinuer auroit pû être conciliée avec la liberté que laissoit le Droit Romain, de donner par un Acte privé, & de donner même verbalement & sans aucune écriture; car

comme

comme dit *Just.* au tit. *de Donationibus* ; *Donationes quas inter vivos appellamus perficiuntur cùm Donator voluntatem suam aut sine scriptis manifestaverit* ; au surplus on comprend que la même raison, pour laquelle il faut un Acte public, exige aussi que la minute ou Original de cet Acte, reste entre les mains du Notaire, & qu'il ne soit pas au pouvoir & en la liberté des Parties de la suprimer.

## ARTICLE II.

**Les Donations entre-vifs, seront faites en la forme ordinaire des Contrats & Actes passez pardevant Notaire ; & en y observant les autres formalités qui y ont eu lieu jusqu'à présent, suivant les différentes Loix, Coûtumes & Usages des Païs soumis à notre domination.**

NOUS ne connoissons, ni Ordonnance, ni Coûtume qui prescrive aucune formalité particulière pour les Donations entre-vifs, du-moins à l'exception près, dont nous aurons bientôt occasion de parler : Ainsi pour la validité de l'Acte, il suffit qu'il soit retenu en la forme ordinaire & commune à toute sorte d'Acte ; c'est-à-dire, devant deux Notaires, ou devant un Notaire & deux témoins, suivant l'usage des Lieux.

Les Coûtumes ont reglé différemment l'âge auquel il est permis de donner entre-vifs, ainsi que l'âge auquel il est permis de tester ; & il importe d'observer, que c'est toûjours à la Coûtume du Lieu du domicile du Donateur ou du Testateur qu'il faut s'en tenir, comme on peut voir par ce qui est rapporté par *Loüet & Brodeau*, *Lett. C. ch.* 42. dans les Païs du Droit écrit ; on peut donner entre-vif, comme on peut tester dès qu'on a atteint l'âge de puberté; mais une Donation faite par un Mineur, n'est pas un titre bien sûr pour le Donataire : parce que le Mineur peut se faire restituer en entier, jusqu'à ce qu'il ait 35. ans accomplis; c'est-à-dire, pendant dix ans, à compter du jour de la majorité : Restitution, dont les Arrêts ont jugé que le Mineur decédé avant de la demander, transmettroit l'espérance à ses Héritiers, pourvû que ceux-ci en fissent la demande dans le tems que le défunt l'auroit pû faire lui-même. *Catellan*, *Liv.* 5. *ch.* 14.

Une autre observation encore importante, & qui tombe également sur la capacité du Donateur; c'est que dans les Païs du Droit écrit, un homme mourant, ou à toute extrêmité de vie, peut valablement donner entre-vif, *cùm qui absolutè donat.* dit la Loi *Seïa* 42. *§. ult. ff. de mortis causâ donat. & si in extrem. vitæ constitut. respondit non tam mortis causâ, quàm morientem donare*; au lieu que dans les Païs Coûtumiers, toute Donation entre-vifs est nulle, dès qu'on peut présumer par l'état du Donateur, qu'elle a été faite dans la crainte d'une mort prochaine. Les Donations, *dit l'Art.* 277. *de la Coûtume de Paris*, encore qu'elles soient conçûës entre-vifs, faites par personnes gissantes au lit malades de la maladie dont ils decédent, sont reputées faites à cause de mort & testamentaires, & non entre-vifs : Diversité de Jurisprudence, dont on entrevoit aisément la raison, dès qu'on rapelle ce que nous avons dit en expliquant l'Article précédent; que par le Droit écrit, il est permis à tous particuliers de disposer de son bien sans distinction des Propres & des Acquèts, & d'en disposer par Testament, aussi-bien que par Donation entre-vifs; au lieu que par lesdites Coûtumes, il n'est permis de disposer par Testament, que d'une partie des Propres, dès qu'on peut disposer de tout son bien, jusques au dernier moment de sa vie, soit entre-vifs, soit à cause de mort; il ne peut tomber sur une Donation entre-vifs, en quelque tems, &

en quelque circonstance qu'elle soit faite, aucun soupçon, aucune présomption de fraude ; mais dès que la liberté de disposer par Testament est restrainte par la Coûtume, on peut naturellement présumer qu'un Donateur malade de la maladie dont il decéde, cherche à enlever aux Héritiers du sang par un Acte qualifié de Donation entre-vifs, ce qu'il ne pourroit leur enlever, par une disposition de derniére volonté. Du reste, quoique la disposition de la Coûtume ne tombe que sur le Donateur malade de la maladie dont il est decédé, les Arrêts l'ont étenduë à ceux qui sans être réellement malades, se trouvent dans un état à craindre pour leur vie, & à ceux-là même qui donnent aprés avoir pris l'habit de Réligion durant le cours de leur Noviciat. La Donation est présumée frauduleuse, toutes les fois qu'on peut la présumer faite à cause de mort; *mortis causâ donatur, non solùm infirmæ valetudinis causâ, sed periculo etiàm propinquæ mortis, vel ab hoste vel à prædonib. vel ab hominis potentis crudelitate aut odio, aut navigationis jucundæ, aut per insidiosa loca iturus, aut ætate fossus : hæ enim causæ instans periculum demonstrant.* L. 3. 4. 5. *&* 6. *ff. de mortis causâ Donationibus.*

# ARTICLE III.

**Toutes Donations à cause de mort, à l'exception de celles qui se feront par Contrat de mariage, ne pourront d'hors en avant avoir aucun effêt dans les Païs mêmes où elles sont expressément autorisées par les Loix ou par les Coûtumes, que lorsqu'elles auront éte faites dans la même forme, que les Testamens ou les Codiciles : ensorte qu'il n'y ait à l'avenir dans nos Etats, que deux formes de disposer de ses biens à titre gratuit, dont l'une sera celle des Donations entre-vifs, & l'autre celle des Testamens ou des Codiciles.**

CET Article avoit été interprêté d'abord, de manière qu'il faisoit un changement considérable en notre Jurisprudence; car s'il est vrai, disoit-on, qu'il ne doive à l'avenir y avoir dans tout le Royaume que deux formes de disposer de ses biens à titre gratuit; sçavoir, les Donations entre-vifs, & les Testamens ou les Codiciles, il ne sera plus permis de faire des Donations à cause de mort; or si l'usage des Donations à cause de mort est proscrit, il ne sera plus permis, ajoûtoit-on, aux fils de famille de disposer de leurs biens aventifs; & conséquemment les pères ne pourront plus espérer de succéder à leurs enfans, autrement qu'*ab intestat*, & en concours avec la mère, les frères & les sœurs. La conséquence fondée, sur ce qui est decidé dans le Droit, qu'un fils de famille ne peut, meme avec le consentement de son père, disposer de ses biens par Testament ou par Codicile;

*quia Testamenti factio est Juris publici*, & qu'il peut néanmoins, du consentement de son père, donner valablement à cause de mort, soit à son père même, ou telle autre personne que bon lui semble.

On regardoit donc, à suivre cette interprétation; & on avoit raison de regarder la disposition de cet Article, comme infiniment intéressante pour tous les pères; mais M. le Chancelier, en répondant à Messieurs du Parlement sur les rémontrances qu'ils avoient faites, voulut bien les rassurer là-dessus, en les faisant appercevoir que l'esprit de l'Ordonnance & les termes dans lesquels elle étoit conçûë, ne conduisoit à rien moins qu'à proscrire en général, l'usage des Donations, à cause de mort, & en particulier l'usage des Donations, à cause de mort, faites par les fils de famille, avec le consentement & la permission de leur père; que l'Ordonnance avoit uniquement pour objèt, de régler la solemnité, ou la forme extrinséque de l'Acte; & qu'ainsi en déclarant nulles les Donations à cause de mort, si elles n'ont été faites en la même forme que les Testamens & les Codiciles; elle n'entendoit autre chose, si-non que pour la validité d'une Donation à cause de mort, il falloit la même formalité & le même nombre de témoins, que pour un Codicile: ce qui, comme l'on voit, ne change absolument rien dans nos usages; car on n'a jamais douté dans les Païs du Droit écrit, que le nombre de cinq témoins ne fût necessaire pour les Donations à cause de mort, comme pour les Codiciles. La Loi dernière *Cod. de Donat. causâ mortis*, le décide ainsi formellement; *res itè procedat*, *ut si quinque testibus præsentibus aliquis voluerit donare causâ mortis*; & nous trouvons dans *Mr. Catellan*, *liv.* 2. *chap.* 21. *un Arrêt* qui déclara nul certain Acte qu'on crût ne pouvoir regarder que comme Donation, à cause de mort; il le déclara nul par cette raison qu'il n'y avoit que deux témoins; *mortis causâ donatur quod præsens præsenti dat. L.* 38. *ff. de mortis causâ donat.* & de là quelques Auteurs ont conclu, que suivant les principes du Droit, il falloit, pour la validité d'une Donation à cause de mort, & la présence & l'acceptation du Donataire. Mais quoiqu'il en soit, on peut assurer que dans l'usage, l'acceptation est inutille. Cet usage fondé sur ce que les Ordonnances, en exigeant l'acceptation des Donations, sans parler des Donations à cause de mort, ne comprennent dans leurs dispositions, que les Donations entre-vifs, n'y ayant que les Donations entre-vifs qu'on puisse appeller proprement Donations. Et comment en effèt, appliquer aux Donations à cause de mort, la disposition des Ordonnances, soit en ce qu'elle voulût que les Donations soient exécutées du jour seulement de l'acceptation, soit en ce qu'assujettissant les Donations à la nécessité d'être insinuées, elles veulent pareillement qu'elles ayent leur effèt du jour seulement de l'insinuation? Comment l'appliquer aux Donations à cause de mort, que l'on sçait ne pouvoir être exécutées que du jour du decès, en supposant, comme je crois qu'on doit supposer, valables les Donations à cause de mort, quoique non acceptées par le Donataire? *Ferrière, Gui Pape, quest.* 22. *Maynard, Liv.* 7. *ch.* 89. on rend inutile la question, si l'acceptation du Notaire ne supplée point à celle du Donataire absent; ou si lorsque personne n'a accepté, la Donation ne doit point subsister comme Fideicommis; & cette autre question, encore agitée par *Mr. Catellan, Liv.* 2. *chap.* 40. si lorsque la Donation à cause de mort, ne peut valoir comme Fideicommis, parce qu'elle a été faite par un fils de famille, on ne doit point la faire subsister malgré le défaut d'acceptation, du moins dans le cas où le Testament du fils de famille, se convertit en Donation à cause de mort, & ne subsiste que par l'effèt de cette conversion, attendu, comme dit cet Auteur, que dans le Testament, on n'appelle jamais ceux en faveur de qui on dispose, & que le Notaire ne s'avise point d'accepter pour l'Heritier absent,

## ARTICLE IV.

**Toute Donation entre-vifs, qui ne ſeroit valable en cette qualité, ne pourra valoir comme Donation ou diſpoſition à cauſe de mort ou Teſtamentaire, de quelque formalité qu'elle ſoit revêtuë.**

POUR l'intelligence de cet Article, il faut rappeller la diſpoſition de la Coûtume de Paris dont nous avons déja parlé, & qui dit en l'*Article* 277. que toutes les Donations entre-vifs faites par des perſonnes giſſantes au lit malades, de la maladie dont ils decédent, ſont reputées faites, à cauſe de mort, c'eſt-à-dire, ſuivant l'interprétation qu'on donne communement à cet Article ; qu'une Donation entre-vifs, nulle par la circonſtance de la maladie & de l'état où ſe trouve le Donateur, peut & doit ſubſiſter comme diſpoſition de derniére volonté, à concurrence des biens dont la Coûtume permet de diſpoſer en mourant. Nous ne doutons point que l'Ordonnance en parlant ici d'une Donation entre-vifs, qui ne ſeroit valable en cette qualité, n'entende parler d'une Donation faite à toute extrêmité de vie ; car il ſeroit difficile autrement d'imaginer un cas dans lequel la converſion d'une Donation entre-vifs en diſpoſition à cauſe de mort ou teſtamentaire, peut avoir quelque utilité pour le Donataire, ou dans lequel même cette converſion fût poſſible ; & ce qui nous confirme encore dans cette idée, c'eſt que parmi les queſtions propoſées par M. le Chancelier, peu de tems avant que l'Ordonnance fût publiée, il y en avoit une conçûë en ces termes : „ Si une Donation qui ne peut valoir com„ me Donation entre-vifs, étant faite à l'extrêmité de la

„ vie, peut valoir comme Donation à cause de mort. „ A quoi Mrs. du Parlement répondirent que par leur Jurisprudence, une donation qualifiée entre-vifs, ne pouvoit jamais être débattuë de nullité, par cette raison qu'elle auroit été faite à l'extrêmité de la vie, & qu'en supposant la donation nulle, par le défaut de quelque formalité, la circonstance prise de ce qu'elle auroit été faite à l'extrêmité de la vie, ne la feroit point subsister comme disposition à cause de mort, attendu que cette conversion d'un genre de disposition en un autre, ne se trouvoit point autorisée par les Loix, & que d'ailleurs pour la valadité d'une donation à cause de mort, il falloit le nombre de cinq témoins, au lieu qu'il n'en falloit que deux pour une donation entre-vifs.

L'esprit de l'Ordonnance n'est donc autre que d'abroger *l'Art. 277. de la Coûtume de Paris*, c'est-à-dire, de ne pas laisser subsister une donation entre-vifs faite à l'extrêmité de la vie, même à titre de donation à cause de mort ou Testamentaire; & parce que cet Art. de la Coûtume étoit interprêté differemment, les uns l'expliquant de manière que l'Acte devoit valoir comme disposition à cause de mort, quoique revêtuë seulement des formalités d'une donation entre-vifs, & les autres ne voulant souffrir cette conversion d'une donation entre-vifs en disposition à cause de mort, qu'autant qu'on avoit observé les formalités prescrites pour le dernier genre de disposition. L'Ordonnance, pour prévenir là-dessus tout sujèt de contestation, ajoûte qu'on n'aura aucun égard au plus ou moins de formalités qui pourroient avoir été observées; *ne pourra*, dit-elle, *valoir comme disposition de dernière volonté ou Testamentaire, de quelque formalité qu'elle soit revêtuë*. L'esprit de l'Ordonnance est tel, qu'une manière de disposer qu'on a une fois optée, ne peut être convertie en toute autre manière de disposition; en sorte qu'on peut dire de celui, qui à toute extrêmité de vie, fait une donation entre-vifs, en observant

observant les formalités réquises pour la validité d'une disposition à cause de mort, qu'il a fait ou a voulu faire ce qu'il n'a pû, & qu'il n'a voulu ce qu'il auroit pû, *quod non potuit voluit, quod potuit noluit.* Je sçai bien qu'en matiere de Testamens, on souffre la conversion d'un genre de Testament en un autre, & qu'un Testament par écrit, qui ne peut subsister comme tel par le défaut de quelque formalité, subsiste comme Testament purement nuncupatif, pourveu que le défaut puisse être reparé par la résomption des témoins; parceque, comme il est dit dans *Cambolas, Liv.* 3. *ch.* 46. *d'Olive, Liv.* 5. *ch.* 5. *Catellan, Liv.* 2. *ch.* 4. en la Loi *si miles, ff. de Testamento Militis: non est credendus quisquam genus testandi eligere ad impugnanda propria judicia, sed potiùs utroque genere testari voluisse*, mais tout cela ne peut rien conclure pour la conversion d'un Acte entre-vifs, en disposition de dernière volonté, *non confundamus*, dit un Auteur, *Contractus stipulationis, & alia quæ inter vivos geruntur cum iis quæ Testamentis ac aliis ultimis voluntatibus expediuntur, ne indè absurda & Legibus contraria multa sequantur, ne Juris ordo evertatur, & forma ejus & solemnia tollantur, ne falsitatibus & dolis locus aperiatur*; ce qui répond à peu près à ce qu'on trouve decidé en la Loi 20. *ff. de verbor. significatione, verba contraxerunt, gesserunt, non pertinent ad testandi Jus.*

*Mr. Catellan, Liv.* 2. *ch.* 22. propose un cas, auquel il semble d'abord qu'on pourroit appliquer la disposition de l'Article que nous expliquons: Un Testateur institué héritier son aîné, & il déclare ensuite par Acte public, ne vouloir pas que son héritier fasse aucune demande du suplément de légitime à lui dû par ses frères, qui sont présens & acceptans, se reservant néanmoins d'en faire demande s'il revenoit de la maladie dont il étoit détenu; il semble en ce cas, que la donation comme reputée faite entre-vifs, par les termes dans lesquels elle étoit conçûë, mais qui ne pouvoit valoir comme telle, par la liberté que se reservoit le Donateur, d'exercer en cas de convalescence, les droits ausquels il renonçoit, n'auroit pû, suivant l'esprit de cette Ordonnance, subsister comme Donation à cause de mort, quand même au lieu de deux Témoins, il y en auroit eu cinq; mais après avoir réfléchi, je trouve que l'Ordonnance ne sçauroit trouver aucune application en ce cas, & ne sçauroit empêcher, que dans les circonstances proposées, la disposition ne fût convertie en Donation à cause de mort, ou pour mieux dire, qu'elle ne dût être regardée comme une veritable Donation à cause de mort : La raison est prise, de ce que la nature d'une Donation entre-vifs, ou à cause de mort, dépend bien moins des termes ou de la qualification de l'Acte, que des conditions qui la rendent revocable, ou irrevocable; si dans l'espèce de la Loi 27. *ff. de mortis causâ donat.* Une Donation faite sous la condition de l'irrévocabilité, est reputée entre-vifs, quoique qualifiée à cause de mort; *ubi ita donatur mortis causâ ut nullo casu revocetur, causa donandi magis est quàm mortis causa Donatio*; on peut dire de même d'une Donation faite sous la condition du retour, en cas de convalescence, qu'elle est véritablement Donation à cause de mort, quoique conçûë ou qualifiée dans les termes d'une Donation entre-vifs.

Il est parlé dans le Droit de quelques Donations, qui quoique faites entre-vifs, ne subsistent néanmoins qu'autant qu'elles sont confirmées par la mort, & ne sont pas révoquées par le Donateur : les Donations faites par les Pères aux Enfans non émancipés, autrement qu'en Contrat de mariage, les Donations faites par le mari à sa femme, & par la femme à son mari; mais nous aurons occasion d'examiner en expliquant l'Article 46. si ces sortes de Donations sont comprises dans la disposition de l'Ordonnance, & si la confirmation qui s'en fait par la mort du Donateur, peut être en effèt regardée comme la conversion d'une Donation entre-vifs en disposition de dernière volonté.

## ARTICLE V.

Les Donations entre-vifs, même celles qui seroient faites en faveur de l'Eglise ou pour causes Pies, ne pourront engager le Donateur ni produire aucun effêt, que du jour qu'elles auront été acceptées par le Donataire, ou par son Procureur général ou spécial, dont la Procuration demeurera annexée à la Minute de la Donation; en cas qu'elle eût été acceptée par une personne qui auroit declaré se porter fort pour le Donataire absent, ladite Donation n'aura effêt que du jour de la ratification expresse, que ledit Donataire en aura fait par Acte passé pardevant Notaire, duquel Acte il restera Minute: défendons à tous Notaires & Tabellions, d'accepter les Donations comme stipulans pour les Donataires absens, à peine de nullité desdites stipulations.

CET Article en ce qu'il declare que les Donations entre-vifs ne pourront engager le Donateur, ni produire aucun autre effêt, que du jour qu'elles auront été acceptées ou ratifiees par le Donataire, ne fait aucun changement en la Jurisprudence de tous les Parlemens du Royaume: Il ne fait que confirmer ou renouveller la disposition de l'*Ordonnance de* 1539. *Art.* 132. & 133. ainsi que la Déclaration du mois de Février 1459. Par l'Ordonnance de 1539. les Donations faites en l'absence des Donataires, ne peuvent avoir aucun effêt, que du jour qu'elles ont été acceptées par les Donataires en présence des Donateurs. Mais par la Declaration de 1549. il est permis aux Donataires d'accepter, même en l'absence du Donateur, pourvû toutefois que ce soit pendant sa vie, & que l'Acte de Donation soit inseré dans celui qui contient l'acceptation, quoiqu'on ne trouve point ici rappellée l'obligation d'accepter ou de ratifier pendant la vie du Donateur, non plus que l'obligation d'accepter ou ratifier par un Acte où soit inserée la Donation, il faut pourtant l'y supléer; car si l'esprit de l'Ordonnance, étoit celui de permettre au Donataire d'accepter, même après le decès du Donateur, & de lui permettre encore d'accepter & ratifier vaguement une Donation dont il ne parut pas qu'il connût les charges & les conditions, il ne faut pas douter qu'elle n'eût nommément dérogé aux Ordonnances & Déclarations antérieures; s'il y a quelque chose de nouveau en cet Article, c'est :

1°. En ce qu'il permet au Donataire d'accepter par procureur fondé de Procuration générale ou spéciale, quoiqu'on jugeât jusques ici, qu'il falloit pour l'acceptation une Procuration ou un Mandat spécial.

2°. En ce qu'il n'excepte point de la Règle, les Donations faites en faveur de l'Eglise & de la cause Pie, & qu'elle les assujettit, ainsi que les Donations faites à des Particuliers, à la necessité de l'acceptation. La Donation faite à l'Eglise, *dit Mr. de Catellan sur la fin du L. 5. chap. 55.* est faite à Dieu, présent en tout lieu par son immensité, & qui Maître d'ailleurs par son Domaine Souverain de tous les biens de la Terre, accepte suffisament le don qu'on lui fait ou à son Eglise de ses dons mêmes; mais on n'a pas été touché de cette raison, & on a regardé comme une raison supérieure, celle prise de la nature de la Donation, mise au nombre des Contrats Sinallagmatiques qui ne sont point parfaits & ne peuvent produire aucune obligation, jusques à ce que les Parties Contractantes ſoient réciproquement engagées : *in omnibus rebus*, dit la Loi 55. *ff. de Obligat. & Act. quæ dominium transferunt, concurrere oportet affectus ex utraque parte contrahentium : nam ſive venditio, ſive donatio, ſive alia quælibet cauſa contrahendi fuit, niſi animus utriuſque conſentit, perduci ad effectum id quod incohatur non poteſt.*

Nous voyons par les Arrêts rapportés par *Louët & Brodeau, lettre D. chap.* 3. & 4. que le Parlement de Paris ne faiſoit non plus ſur cette matière aucune exception, les Arrêts ayant jugé qu'une Donation faite à l'Egliſe pour ſervir de fondation pouvoit être revoquée juſques au decret & à l'homologation; mais nous trouvons dans *Catel. en l'endroit cité, & dans Maynard, Liv.* 7. *chap.* 85. & 86. nombre d'Arrêts contraires; c'eſt-à-dire, des Arrêts, qui par rapport & en faveur de l'Egliſe, n'ont compté pour rien le défaut d'acceptation : Il plaît au Roi en abrogeant notre Juriſprudence, que nous-nous conformions à celle du Parlement de Paris, & c'eſt à quoi il faut s'en ténir.

Avant cette Ordonnance, bien de gens étoient perſuadés, que quoiqu'une Donation ne pût avoir effèt que du jour de l'acceptation; le Donateur étoit lié néanmoins par la Donation, quoique non acceptée; enſorte qu'il ne lui étoit pas permis de la revoquer & de revenir contre ſon propre fait; ils le croyoient ſur la foi de pluſieurs Auteurs, & de *Ferrière* entr'autres, qui dit ſur la queſtion 222. de Gui-Pape, *quod ad me attinet ego exiſtimo Donationem ante acceptationem revocari non poſſe à Donatore, quia Donator obligatur & contra proprium factum venire non poteſt : imò quod promiſit præſtare tenetur*; mais il ne pourra plus y avoir là-deſſus diverſité d'avis, puiſqu'il plaît au Roi de déclarer, non-ſeulement qu'une Donation ne peut avoir aucun effèt avant l'acceptation, mais qu'elle ne peut même engager le Donateur.

L'Article finit par des inhibitions qu'il fait à tous Notaires d'accepter les Donations comme ſtipulans pour les Donataires abſens ; mais ayant commencé par déclarer nulles & de nul effèt les Donations non acceptées par les Donataires eux-mêmes en perſonne, ou par leur Procureur, la peine de nullité contre les ſtipulations des Notaires, ne peut être regardée que comme une précaution inutile & ſurabondante ; on rapporte communement l'uſage des ſtipulations que font les Notaires pour les perſonnes abſentes, aux ſtipulations que faiſoient ou pouvoient faire les eſclaves particuliers pour leurs Maîtres, les Notaires regardés comme des eſclaves publics, choiſis en effèt & achetés des deniers publics pour faire à l'égard de tous les abſens, ce que les eſclaves particuliers faiſoient ; mais ce qu'ils ne pouvoient faire que pour leur Maître : mais quoiqu'il en ſoit de cette conjecture, les Notaires étant aujourd'hui des perſonnes abſolument libres, ils n'ont & ne peuvent avoir aucune qualité qui les autoriſe pour ſtipuler & pour acquerir au nom d'une perſonne abſente ; ils ſont comme tous autres Particuliers compris en la diſpoſition de la Loi 3. *Cod. de inut. ſtipulat.* qui s'explique en ces termes ; *ut inter abſentes verborum obligatio contrahi non poteſt, ita alteri cujus juri non eſt ſubjectus, aliquid dari vel reſtitui, niſi ſuâ interſit, nemo ſtipulari poteſt.*

## ARTICLE VI.

**L'acceptation de la Donation ſera expreſſe, ſans que les Juges puiſſent avoir aucun égard aux circonſtances dont on prétendoit induire une acceptation tacite ou préſumée, & ce quand même le Donataire auroit été préſent à l'Acte de Donation, & qu'il l'auroit ſigné, ou quand il ſeroit entré en poſſeſſion des choſes données.**

SI cet Article ne faiſoit qu'ordonner que toute Donation doit être expreſſement acceptée, en rejettant ou ne comptant pour rien les circonſtances dont on pourroit induire une acceptation tacite ou préſumée, il ne feroit que renouveller la diſpoſition de l'Ordonnance de 1539. laquelle en exigeant auſſi de la part des Donataires une acceptation expreſſe & formelle, exclud par voyes de conſéquence tous les équipollens; il ne feroit que déroger comme l'avoit déja fait l'Ordonnance de 1539. à la diſpoſition du Droit, qui donne à une acceptation ou ratification tacite, le même effet qu'à une acceptation ou ratification expreſſe, *non tantùm verbis ratum haberi poſſe, ſed etiàm actu, l. 5. ff. ratam rem haberi*, & qui plus préciſement & en matière de Donations, regarde comme une acceptation ſuffiſante, la poſſeſſion que prend le Donataire des choſes données, *nec ambigi oportet Donationes etiàm inter abſentes, & maximè ſi ex voluntate donantium poſſeſſiones in quibus donatum eſt, nanciſcantur validas eſſe, l. 6. Cod. de Donat.*

Mais cet Article ajoûte, qu'il en ſera de même, quand même le Donataire auroit été préſent à l'Acte de Donation, ou qu'il l'auroit ſigné ; & en cela il déroge du moins à la Juriſprudence du Parlement de Toulouſe ; car s'il en faut croire *Ricard*, *Tom.* I. *page* 187. c'étoit déja une maxime reçûë de ſon tems dans le Parlement de Paris : maxime conſtante, qu'une Donation étoit regardée comme imparfaite quoique le Donataire en eût ſigné le Contrat, ſi le mot acceptant avoit été omis.

Meſſieurs du Parlement de Toulouſe conſultés avant la publication de cette Ordonnance, ſur la neceſſité de l'acceptation, avoient répondu qu'elle devoit être expreſſe & formelle, & qu'on ne pouvoit y ſuppléer par des équipollens ; mais ils avoient ajoûté en même-tems, qu'ils étoient bien éloignés de regarder comme un équivalent la préſence & la ſignature du Donataire ; que toute ſignature ſans proteſtation étoit un acquieſcement formel à tout le conténu à l'Acte auquel elle étoit apposée, qu'il ne convenoit point d'être aſſervi ſi ſcrupuleuſement aux termes dans une matière ſurtout qu'on ne peut regarder comme odieuſe ; & qu'enfin les Arrêts du Parlement de Paris, qui declaroient une Donation nulle par l'omiſſion du mot *acceptant*, leur paroiſſoient trop rigoureux pour s'y conformer : le Roi, comme l'on voit, a été peu touché de ces repréſentations ; la Juriſprudence du Parlement de Paris a paru à Sa Majeſté plus conforme à l'eſprit des anciennes Ordonnances.

ARTICLE

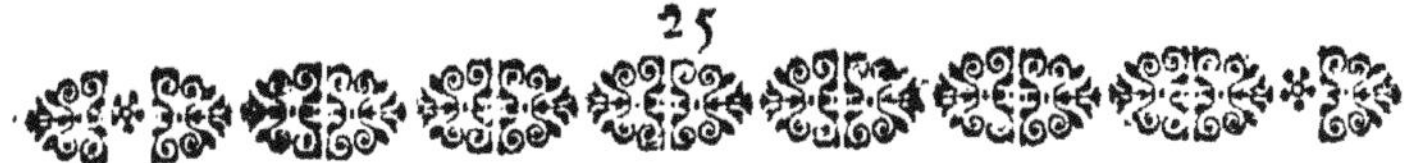

# ARTICLE VII.

Si le Donataire est mineur de vingt-cinq ans, ou interdit par autorité de Justice, l'acceptation pourra être faite pour lui, soit par son Tuteur ou son Curateur, soit par ses Père ou Mère, ou autres ascendans, même du vivant du Père & de la Mère, sans qu'il soit besoin d'aucun avis des parens pour rendre ladite acceptation valable.

ON jugeoit jusques ici au Parlement de Toulouse, que les Donations faites à des Pupilles étoient valables sans acceptation, & on se conformoit en cela à la disposition du Droit; car comme dit Justinien au titre de *autoritate tutor. Autoritas tutoris in quibusdam causis pupillis necessaria est, in quibusdã non est necessaria, ut ecce, si quid dari sibi stipuletur, non est necessaria tutoris autoritas*, *Catel. L.* 5. *ch.* 53. & à l'égard des mineurs, on jugeoit véritablement l'acceptation nécessaire, mais de manière pourtant que les mineurs lézés par le défaut d'acceptation qui rendoit la Donation nulle, pouvoient en être relevés, en demandant d'être restitués en entier dans les dix ans après la majorité accomplie. L'Article que nous expliquons abroge, comme l'on voit, cette Jurisprudence, & l'abroge pour les pupilles, ainsi que pour les mineurs.

Etant de la nature d'une Donation regardée comme un bienfait ou une libéralité de la part du Donateur, de ne pouvoir jamais être onéreuse au Donataire, & de n'obliger le Donataire qu'à concurrence des choses données, ce qui fait, comme nous l'obſerverons en ſon lieu, que le Donataire conſerve la liberté de répudier en tout tems.

On eſt d'abord ſurpris qu'on exige tant de formalité, & qu'on porte l'exactitude au point d'interdire le moyen d'acquerir aux Pupilles & aux Mineurs, s'ils ne ſont autoriſés par leurs Tuteurs ou Curateurs, juſques au point d'interdire aux Mineurs le pouvoir d'accepter eux-même les Donations faites en leur faveur, quoique les Mineurs, par la diſpoſition du Droit, ne ſoient obligés de ſe faire pourvoir de Curateur, que lorſqu'ils ſont demandeurs ou défendeurs en Juſtice, *inviti Curatores non accipiunt*, regardés toûjours comme perſonnes légitimes pour paſſer toutes ſortes de Contrats, & ceux-là ſurtout qui font leur condition meilleure ; mais on a conſideré ſans doute, que quelque gratuite que ſoit la Donation, il y a toûjours des charges qui en ſont inſéparables, quand ce ne ſeroit, comme il eſt obſervé *par Mr. Ricard*, *Tom.* 1. *pag.* 188. que l'obligation de fournir à l'entretien du Donateur en cas de néceſſité, de rendre & rapporter les choſes données, dans le cas de la révocation par ingratitude, ou par la ſurvenance des enfans du Donateur, de payer à concurrence les dettes auſquelles les biens donnés ſont aſſujettis ; & quoiqu'il en ſoit, la Loi eſt préciſe, & il a plû à Sa Majeſté de raprocher à cet égard notre Juriſprudence de celle du Parlement de Paris, où l'acceptation par le miniſtère des Tuteurs ou Curateurs, a été toûjours jugée neceſſaire pour les Pupilles & les Mineurs ſans diſtinction, *Loüet & Brodeau*, *lettre D. ch.* 4. *n*. 4. *& ch.* 55. & où on ne connoît pas même cette diſtinction que nous faiſons ici, entre les Pupilles & les Mineurs, les Tuteurs & les Curateurs ; parceque dans les Païs Coûtumiers, la Tutelle dure juſques à l'âge de 25. ans, *ce qui fait dire à Loiſel dans ſes Institutions Coûtumières*, *Liv.* 1. *tit.* 4. *n°.* 5. que Tuteur & Curateur n'eſt qu'un, *ce qui fait dire encore à Dumoulin en ſon Traité de Contractibus uſurariis queſt.* 39.

*n°. 90. non facimus differentiam inter tutelam & curam, sed durat tutela semel suscepta usque ad annum vigesimum-quintum.*

Je comprens bien que l'Article que nous expliquons pourroit être interpreté de manière, que sans interdire aux Mineurs la liberté d'accepter eux-même, il permettoit aussi aux Tuteurs & Curateurs d'accepter pour les Mineurs; mais l'esprit de l'Ordonnance condamne absolument cette interprétation : Il est évident que l'Ordonnance entend declarer nulle l'acceptation que pourroient faire les Mineurs autrement que sous l'autorité & & par le ministère de leurs Curateurs; & si cet Article pouvoit là-dessus laisser quelque doute, l'Article 14. ne peut y en laisser aucun : L'objèt de la Loi, comme il a plû à M. le Chancelier d'expliquer lui-même, en répondant aux Rémontrances de Mrs. du Parlement, est celui d'empêcher que les Mineurs, sous l'apparence d'une Donation, ne contractent des engagemens qui pourroient leur être préjudiciables. Les mêmes Loix qui tendent la main aux Mineurs, pour les restituer envers les Actes par lesquels ils sont lézés, nous avertissant qu'il vaut encore mieux prévenir le mal, que d'attendre qu'il soit fait pour y apporter reméde.

Nous trouvons dans le 1. *Tom. du Journal du Palais pag.* 805. des Arrêts du Parlement de Paris, des Arrêts qui ont jugé valable l'acceptation faite par un Ayeul, son fils vivant, d'une Donation faite à son petit-fils; mais je doute qu'au Parlement de Toulouse on eût permis à tout autre qu'au père d'accepter pour son fils, & on en peut juger par l'Arrêt ou par le motif de l'Arrêt que rapporte *Laroche Liv. 6. Tit.* 40. *Art.* 3. la Cour, dit cet Auteur, ayant jugé qu'un père pouvoit accepter pour ses enfans, parcequ'il en est le Procureur légal, & légitime administrateur de leurs personnes & de leurs biens; aujourd'hui le doute est levé, la mère peut accepter aussi-bien que le père, les Ayeuls & Ayeules, Paternels ou Maternels, & généralement tous ascendans peuvent accepter aussi bien que les père & mère, sans distinguer si les pères & les mères sont decédés, ou s'ils sont encore en vie, & en cela l'Ordonnance semble avoir voulu se conformer à la disposition du Droit, qui rend le nom de père commun à tous les ascendans, & le nom d'enfans commun à tous les descendans. *L. 51. ff. de verb. signif. appellatione parentis, non tantùm pater, sed etiàm avus, & proavus, mater, avia, proavia, & deincèps omnes superiores continentur, & liberorum appellatione nepotes, & pronepotes, cæterique qui ex eis descendunt, continentur.*

Par la raison, qu'un père est le Procureur légal & légitime administrateur de la personne & biens de ses enfans, il ne faut pas douter qu'il ne pût accepter pour les enfans même Majeurs, & qui seroient encore en sa puissance : mais une mère & tout autre ascendant ne le pourroit pas; on trouve dans le 2. *Tom. du Journal du Palais p.* 184. un Arrêt qui le jugea ainsi, à l'égard d'une Donation acceptée par la mère du Donataire Majeur de 25. ans, & sans doute qu'on le jugeroit encore mieux aujourd'hui que l'Ordonnance en donnant à la mère & aux autres ascendans la liberté d'accepter, la restraint expressement aux Donations faites à des Mineurs.

Avant cette Ordonnance, nombre d'Auteurs regardoient l'acceptation que faisoient les Tuteurs & les Curateurs pour les Pupilles & les Mineurs, comme un Acte si essentiel & si important, qu'ils ne croyoient pas que les Tuteurs & Curateurs pussent accepter sans être autorisés eux-même par une délibération des parens, & par la permission du Juge. L'Article que nous expliquons condamne cette opinion, en déclarant l'acceptation valable, sans qu'il soit bésoin d'aucun avis des parens, & par voye de conséquence, sans qu'il soit bésoin aussi de recourir aux Juges.

S'il arrivoit qu'un Tuteur donnât lui-même à son Pupille ; comment, & par qui la Donation devroit-elle être acceptée ? *Ricard traite cette question au Tom.* 1. *pag.* 190. *&* 859. *& seq.* Il décide, que le Tuteur en ce cas ne pourroit valablement accepter, parceque représentant la personne du Pupille, il interviendroit dans l'Acte de Donation en deux différentes qualités, & deux qualités qui ne sçauroient se concilier sur la tête de la même personne ; sçavoir, de Donateur & de Donataire, & qu'ainsi il ne pourroit y avoir d'autre expédient, que celui de faire accepter par un Curateur créé à cet effèt. *Ricard*, ajoûtant que la nullité de la Donation par le défaut d'acceptation ne fourniroit pourtant pas un prétexte au Tuteur pour retenir la chose donnée ; parceque ce que le Pupille ne pourroit conserver en vertu de la Donation & d'un titre nul, il le conserveroit par voye de garantie ; le Tuteur en effèt, garant envers son Pupille de tout ce qu'il lui fait perdre par sa négligence, est garant dans le cas proposé pour n'avoir fait accepter la Donation par un Curateur.

# ARTICLE VIII.

**L'acceptation pourra aussi être faite par les Administrateurs des Hôpitaux, Hôtels-Dieu, ou autres semblables établissemens de charité, autorisés par nos Lettres Patentes, registrées en nos Cours, & par les Curés & Marguilliers, lorsqu'il s'agira des Donations entre-vifs, faites pour le Service Divin, pour fondation particulière, ou pour la subsistance & soulagement des Pauvres de leur Paroisse.**

CE que dit ici l'Ordonnance, des Hôpitaux, Hôtels-Dieu, & autres établissemens de charité, doit sans doute être appliqué ou étendu à toutes Communautés Ecclésiastiques ou Laïques, Séculières & Régulières; c'est-à-dire, qu'on ne peut leur donner valablement, que la Donation ne soit acceptée par leurs Députés ou Sindics, & qu'on ne peut aussi leur donner valablement, si elles ne sont autorisées par Lettres Patentes dûëment enregistrées; toute Compagnie, Communauté autorisée par Lettres Patentes, est capable de recevoir, soit par Donation entre-vifs, soit par disposition de dernière volonté: mais si elle n'est autorisée, elle est regardée comme un corps illicite, également incapable de recevoir par Donation & par Testament: Telles sont les Loix du Royaume, & telle est aussi la disposition du Droit Romain; car comme il est dit en la Loi 1. *ff. quod cujusque Universitatis*, *&c.* comme il est dit encore en la Loi 20. *ff. de rebus dubiis. Nulla dubitatio est, quod si corpori cui licet coïre Legatum sit, debeatur; cui autem non licet si legetur, non valebit.*

Quand on dit qu'une Communauté non autorisée par des Lettres Patentes est incapable de recevoir par des dispositions d'entre-vifs ou de dernière volonté, on entend parler d'une Communauté déja établie & fondée; car si la disposition étoit faite pour servir à la fondation & établissement, il n'y a point de doute qu'elle ne fût valable, quoiqu'il n'y eût & qu'il ne pût y avoir encore de Lettres Patentes: On peut voir dans le premier *Tome du Journal des Audiences page 739.* un Arret du Parlement de Paris qui le jugea ainsi, & lors duquel il fût cité nombre d'Arrêts conformes précedemment rendus.

En cet endroit du Journal des Audiences que nous venons de citer, on trouve agitée une question singulière, mais qui ne fut point decidée; sçavoir, si les Lettres Patentes accordées après coup, c'est-à-dire, après qu'on avoit donné ou légué à une Communauté, valideroit ou le legs ou la Donation, & si elles auroient un effêt retroactif contre les héritiers du Donateur ou du Testateur: nous trouvons bien par des Arrêts, qui à l'égard d'un étranger incapable de posseder des bénefices en France, sans être naturalisé, ont donné aux Lettres de naturalité un effêt retroactif au préjudice d'un tiers impétrant; parceque comme dit Mr. Vaillant en ses Nottes sur Loüet, *ad regulam de infirmis resignantibus nomb.* 44. *cùm impedimentum illud sit politicum, sufficit litteras, quas vocant* de naturalité, *obtinere pendente lite, & modò sint registratæ ante litis decisionem in curia computorum provisio convalescit*; mais je ne sçais si l'argument qu'on voudroit tirer de ce préjugé, seroit bien concluant pour une Communauté qui lors de la disposition faite en sa faveur, ne se trouvoit point autorisée par des Lettres Patentes; & je sçais bien du moins que le cas s'étant presenté, il n'y a pas long-tems, la Communauté interessée, & qui lors de l'ouverture d'une succession à laquelle elle étoit appellée, se trouvoit sans Lettres Patentes, n'osa pas & ne fut pas conseillée de soûtenir un

Procès sur la foi de Lettres Patentes qui lui avoient été depuis accordées.

On peut donner & léguer à une Communauté, mais une Communauté peut-elle recevoir à titre de Donation ou d'institution universelle? La Loi première *Cod. de Sacrosanctis Ecclesiis*, le permet, & nous n'avons point dans le Royaume de Loi contraire; si on trouve quelques Arrêts qui ayent cassé des dispositions à titre universel, faites au profit des Communautés, c'est toûjours par des circonstances particulières, prises, tantôt de la captation présumée, tantôt de la qualité ou de la faveur des proches parens ascendans ou descendans des Donateurs ou Testateurs: Quand on dit que toute Communauté autorisée par des Lettres Patentes, peut acquerir par Donation ou par Testament, on n'entend point parler de quelques Communautés de Réligieux qui se sont eux-même interdits la liberté de posseder aucuns biens. Les Jésuites, par exemple, dans leur Maison Professe, les Capucins & autres Réligieux de Saint François de l'Observance étroite; ceux-ci sont incapables de recevoir par Donation ou par Testament; mais l'incapacité ne s'étend pas jusques aux Donations ou aux legs qu'on leur fait pour bâtir & reparer leurs Maisons & leurs Eglises, ou pour leurs autres necessités, comme on peut voir par les Arrêts rapportés dans le premier Tome *du Journal des Audiences*, *page* 409. *&* 430.

La Loi 24. *Cod. de Episcopis & Clericis*, nous apprend qu'on avoit douté si on pouvoit donner ou léguer à des pauvres, autres que ceux enfermés dans des Hôpitaux, ou autres établissemens de charité déja approuvés. Les pauvres non designés en autres qualités pouvant être regardés comme des personnes incertaines; mais la même Loi leve & condamne le doute; *quod pauperibus relinquitur, non ut incertis personis relictum, evanescat; sed omnibus modis ratum firmumque consistat*; & on trouve dans le premier *Tom. du Journal des Audiences*, un Arrêt remarquable sur la question

question si les Pauvres ainsi vaguement designés, sont en effêt des personnes incertaines, & si par cette raison les dispositions faites en leur faveur doivent être declarées nulles. Un Testateur originaire de Lyon, avoit institué les Pauvres honteux, ses heritiers, & avoit chargé de la distribution, ses Exécuteurs Testamentaires; la disposition fut confirmée suivant la Loi que nous venons de citer, mais avec le temperament toutes fois, que la moitié des biens appartiendroit aux proches parens & successeurs *ab intestat*, qui en effêt étoient pauvres suivant leur qualité, le quart à l'Hôtel-Dieu de Paris, & le quart restant à l'Hôpital de Lyon.

Sur la necessité de l'acceptation faite par les Curés & Marguilliers, des Donations faites pour le Service Divin ou pour fondation, nous trouvons dans *Catellan Livre premier chap.* 64. *un Arrêt* qui mérite d'être observé, en ce qu'il jugea qu'il ne dépendoit pas même des Marguilliers de ne pas accepter les Donations. Les Marguilliers de l'Eglise de Saint Michel de cette Ville avoient réfusé d'accepter, la fondation de certain nombre de Messes, sous prétexte que la somme qu'on offroit étoit insuffisante; l'Arrêt cassa la Délibération par eux prise & ordonna qu'ils accepteroient, sauf à eux à se pourvoir dans les suites devant l'Ordinaire, pour demander la réduction du Service. Le Curé doit concourir pour l'acceptation avec les Marguilliers; parceque, comme dit encore *Catellan* en l'endroit que nous venons de citer, *chap.* 33. le Curé est en cette qualité comme le Chef & le Maître dans son Eglise, où nulle Fondation ne peut s'introduire, & nul Service se faire sans son avis; & qu'en cette qualité aussi, il est fondé à être admis au Service & à la rétribution des Fondations, s'il n'en est nommément exclus par la Fondation.

## ARTICLE IX.

Les femmes qui ne seront mariées, même celles qui ne seront communes en biens, ou qui auront été separées par Sentence ou par Arrêt, ne pourront accepter aucunes Donations entre-vifs, sans être autorisées par leurs maris ou par Justice, à son réfus. N'entendons néanmoins rien innover sur ce point, à l'égard des Donations qui seroient faites à la femme pour lui ténir lieu de bien paraphernal, dans les Païs où les femmes peuvent avoir des biens de cette qualité.

DEux raisons rendent juste & nécessaire la disposition de cet Article dans les Païs coûtumiers; la première est prise de cette espéce de société ou communauté établie par les coûtumes entre le mari & la femme, & dans laquelle entrent tous les Effets mobiliaires, tant du mari que de la femme, Meubles meublans, Vaisselle d'Argent, Argent comptant, Promesses, Obligations, &c. soit qu'ils ayent appartenu avant ou après la célebration du mariage; ensemble les conquêts immeubles, c'est-à-dire, les acquisitions faites par le mari & la femme depuis le jour de la Bénédiction Nuptiale, jusques au jour de la dissolution de la communauté. Sous le nom de conquêts, on ne comprend pas seulement les acquisitions faites à titre onéreux de vente, d'échange, &c, on y comprend encore celles qui sont faites à titre gratuit de Donation ou de legs en ligne collaterale, les coûtumes n'excluant que les immeubles échûs par ſucceſſion, de quelque ligne qu'ils proviennent, directe ou collaterale, & les immeubles donnés ou légués par les aſcendans à leurs enfans ou petits enfans. Le mari, pendant le mariage, eſt le maître de la Communauté, il en peut diſpoſer comme bon lui ſemble ſans le conſentement de ſa femme ; il peut vendre, donner ou diſſiper, pourveu qu'il en diſpoſe par des Actes entre-vifs & ſans fraude.

La deuxième raiſon eſt priſe de ce que dans les Païs coûtumiers, les femmes ſont comme ſous la puiſſance de leur mari ; & que l'effet de cette puiſſance eſt tel, que les femmes pendant leur mariage, ne peuvent ni contracter ni eſter en jugement, ſans être autoriſées par leur mari, ou par la Juſtice, à leur réfus. „ La femme mariée, *dit l'Article* 133. *de la Coûtume de Paris* „ ne peut vendre ni „ aliéner, ni hipotéquer ſes héritages, ſans l'autorité & le „ conſentement exprès de ſon mari, & ſi elle fait aucun „ Contrat ſans l'autorité & le conſentement de ſondit mari, „ le Contrat eſt nul, &c. à quoi l'Art. ſuivant ajoûte, „ que la femme mariée ne peut eſter en jugement ſans le „ conſentement de ſon mari, ſi elle n'eſt autoriſée ou „ ſeparée par la Juſtice & la ſéparation exécutée.

Mais il s'en faut bien que ces raiſons ſoient communes aux Païs regis par le Droit écrit, où la communauté entre mari & femme & la puiſſance des maris ſur leurs femmes, à l'effet de l'autoriſation, ſont preſque également inconnuës ; quoique après tout, les changemens que fait cet Art. dans les Païs même régis par le Droit écrit, ſe réduiſent à bien peu de choſe, & ne paroiſſent pas mériter les ſoins qu'on s'eſt donné pour faire des Rémontrances.

Et en effèt, de deux choſes l'une ; ou la femme en ſe mariant s'eſt conſtituée une Dot fixe & certaine, ou elle s'eſt conſtituée généralement tous & chacuns ſes biens préſens & à venir, *ſe & ſua*.

Dans le premier cas, la femme, pour accepter une Donation, n'a aucun bésoin d'être autorisée par son mari; parceque ce qu'on lui donne pendant le mariage, autrement qu'en augmentation de Dot, lui tient toûjours lieu de biens Paraphernaux, & que la femme est maîtresse absoluë de ses biens Paraphernaux; jusques-là, que suivant l'expression de la Loi 8. *Cod. de pactis conventis*, il n'est pas permis au mari d'en prendre aucune connoissance, ni de s'en mêler directement ou indirectement; *virum in bonis paraphernis nullo modo volumus se immiscere.*

J'ai dit autrement qu'en augmentation de Dot, parcequ'en effèt, la Dot pendant le mariage peut être augmentée & constituée, *dotes, constante matrimonio, non solùm augentur, sed etiàm fiunt, Just. tit. quibus alienare licet*; sauf que pour la Dot ainsi constituée & augmentée pendant le mariage, la femme, ainsi qu'il est expliqué par Mr. de *Catellan, Liv.* 4. *ch.* 55. n'a aucun privilége sur les Créanciers antérieurs de son mari.

Dans le second cas, c'est-à-dire, lorsque la femme s'est constituée tous & chacuns ses biens présens & à venir, on ne voit pas trop (non plus que dans le cas où la Dot est fixe & certaine) quelle peut être la necessité de l'autorisation du mari. Mais enfin il peut y avoir un prétexte, pris de ce que les choses données deviennent d'abord dotales, & comme telles, appartenantes au mari; & quoiqu'il en soit, c'est sur ce cas que tombe, & je n'en vois pas d'autre sur lequel puisse tomber la disposition de cet Article, ou le changement qu'il fait à notre Jurisprudence : Si on ne veut donc qu'il tombe encore ou sur les Donations qui pourroient être faites à la femme en augmentation de Dot, ou en cas de séparation; parceque, suivant la disposition du Droit, l'effet de la séparation est celui de remettre sur la tête de la femme toutes les actions concernant la Dot. La femme séparée, dit la Loi *ubi adhuc, Cod. de jure dotium*, pouvant agir à raiſon de ſa Dot, *ut potuiſſet, ſi matrimonium eo modo diſſolutum eſſet, quo Dotis, & ante nuptias, Donationis exactio ei competere poterat*; & le ménagement dont uſe ſur cette matière le Parlement de Toulouſe, en ce qu'il ordonne la rémiſe de la Dot, en des mains ſûres, pour en être le revenu pris par la femme, *ut ſe ſuoſque alat*, ne rend pas l'adminiſtration de la femme moins libre & moins indépendante du mari : *Catellan, Liv.* 4. *chap.* 26. *Graverol ſur Laroche* in verbo *Mariage, page* 230.

La neceſſité de l'autoriſation du mari, lorſque la conſtitution eſt de tous les biens, & où lorſque la Donation eſt faite en augmentation de Dot ( car encore une fois, la femme en tout autre cas n'a pas béſoin d'être autoriſée ) pourroit faire craindre qu'en l'abſence ou ſur le réfus du mari, la femme ne perdit l'occaſion ou le moment favorable auquel on voudroit lui donner; mais l'Ordonnance a prévû cet inconvénient, en ſubſtituant ou indiquant à la femme, en l'un & en l'autre cas, le recours à la Juſtice.

# ARTICLE X.

N'entendons pareillement comprendre dans la disposition des Articles précédens sur la necessité & la forme de l'acceptation dans les Donations entre-vifs, celles qui seroient faites par Contrat de mariage aux Conjoints ou à leurs enfans à naître, soit par les Conjoints même, ou par les Ascendans, ou Parens collatéraux, même par des étrangers; lesquelles Donations ne pourront être attaquées ni déclarées nulles, sous prétexte de défaut d'acceptation.

L'Ordonnance, en déclarant valables sans acceptation les Donations faites dans un Contrat de mariage aux enfans à naître, ne contient point de disposition que la faveur du mariage & des enfans qui en sont procréés n'ait fait depuis long-tems adopter dans tous les Tribunaux du Royaume, même à l'égard des Donations contractuelles faites aux personnes mariées, soit par leurs parens ascendans ou collatéraux, soit par des étrangers; si l'Ordonnance ne contient point de disposition nouvelle, on peut dire du moins qu'elle fixe la Jurisprudence sur une question qui partageoit le sentiment des Auteurs, les uns croyant que les enfans à naître devoient seuls être exceptés de la règle, & les autres ne distinguant point les enfans à naître d'avec les personnes mariées, les mariages consommés sur la foi de la Donation, regardés pour tous indifféremment, comme une acceptation suffisante.

De là que l'Ordonnance excepte de la règle les Donations faites par Contrat de mariage en faveur des enfans qui en seront procréés, on peut conclurre qu'en tout autre cas la Donation en faveur des enfans à naître ne seroit pas valable : *Qui de uno dicit, de altero negat.*

On pourroit bien donner à un enfant qui seroit conçû, & qui seroit encore dans le ventre de sa mère, parceque rien n'empêcheroit, suivant la *Loi* 8. *ff. de Curatoribus furioso & aliis ext. minor. dandis*, qu'on ne donnat un Curateur à cet enfant, un Curateur *ventris nomine*, & qui acceptât pour lui, un enfant conçû étant d'ailleurs regardé comme né pour tout, & qui est de son avantage, *pro jam nato habetur*; mais on ne sçauroit porter la section jusqu'aux enfans à naître, & qui ne seroient ni nés ni conçûs : ceux-ci encore une fois incapables d'acquerir par Donation, autrement que par le Contrat de mariage de leur père & mère.

Je ne pourrois donc point, par exemple, donner aux enfans à naître de Titius, autrement que par le Contrat de mariage de Titius ; mais si absolument & dès-aujourd'hui je voulois assurer mes biens sur la tête des enfans de Titius, non encore mariés, la chose ne seroit pas difficile; je n'aurois qu'à user de l'expédient que suggére l'Article qui suit; c'est-à-dire, qu'à donner à Titius & à ses enfans, la Donation subsistant alors en faveur des enfans, par la seule acceptation qui en auroit été faite par Titius.

On ne peut donner à un enfant à naître, autrement que dans un Contrat de mariage; mais un enfant à naître ne peut-il point être institué héritier ? Il le peut sans difficulté autrement que dans un Contrat de mariage; mais c'est que pour l'institution il n'est aucun besoin de l'acceptation, & qu'il en est de l'institution d'un enfant à naître, comme d'une institution conditionelle, autorisée par les Loix ; car qu'est-ce en effet qu'instituer un enfant qui n'est encore né ni conçû, si ce n'est instituer cet enfant au cas, & sous la condition qu'il viendra à naître ? Il n'en est pas des successions Testamentaires, comme des successions *ab intestat*; celles-ci sans doute ne peuvent être recüeillies que par ceux qui sont nés ou conçûs au moment qu'elles sont ouvertes : mais à l'égard des autres, comme elles dépendent uniquement de la volonté du Testateur, point de difficulté que le Testateur ne puisse aussi en suspendre l'effèt par les conditions qu'il lui plaît d'imposer; que j'instituë le premier mâle qui naîtra de Titius mon frère; l'effèt de l'institution, dit *le Président Faber en son Cod. Liv. 6. Tit. 6. Def.* 3. sera suspendu pendant & si long-tems qu'il y aura pour Titius espérance de postérité, & il ne sera vrai de dire que je suis mort *ab intestat*, que du jour qu'il sera certain que Titius n'aura point d'enfans : *Ex quo certum esse incipiet Titium nullos posse Liberos suscipere*; l'hérédité cependant devant être régie par un Curateur, suivant la Loi première *ff. de Curatore bonis dando* & de la Loi *Si quis 3. §. 3. ff. de haredibus instituendis*.

Au sujèt des Donations en faveur des enfans à naître du mariage, on a demandé si un père ayant donné dans le Contrat de mariage de son fils au premier mâle qui en seroit procréé, & à son défaut, à la première fille, suivant l'ordre de primogeniture, la Donation en défaut des mâles, devoit appartenir à la fille de l'aînée prédecédée, ou à la seconde fille survivante à son père; c'est l'espéce de l'Arrêt que rapporte *Catellan, Liv. 2. chap.* 15. & par lequel, la question fut jugée en faveur de la fille de l'aînée prédecédée, non point, dit cet Auteur, par la transmission ou représentation, mais comme appellée de son chef; parcequ'il est des régles qu'un petit-fils ou une petite-fille est appellée à tous les droits ayant appartenu à son père ou à sa mère prédecédés, & ausquels son père ou sa mère prédecédés étoient appellés par le Contrat de mariage, en la qualité de fils ou de fille : on peut voir dans *Henry Tome 2. Livre 4. page 309.* cette même question traitée

avec

avec beaucoup plus d'étenduë, & on y peut voir aussi une Sentence arbitralle renduë par cinq des plus fameux Avocats de Paris, qui jugerent tout autrement que l'Arrêt que nous venons de rapporter ; c'est-à-dire, qu'ils jugerent en faveur de la seconde fille survivante, contre la fille de l'aînée prédecédée : il y avoit une circonstance dont Henry paroît peu touché ; mais qui, suivant les conjectures, ne contribua pas peu à déterminer les Arbitres ; c'est que la Donation, en défaut de mâles, étoit faite à la fille qui se trouveroit en vie, l'ordre de primogeniture observé.

L'Article que nous expliquons déclarant valables les Donations faites par Contrat & en faveur de mariage, malgré le défaut d'acceptation, il ne faut pas douter que si le mariage ne s'ensuivoit, le defaut d'acceptation ne les rendît inutiles ; mais on demande si en ce cas, où le mariage ne s'ensuivroit pas, les Donations subsisteroient, si elles se trouvoient d'ailleurs dûëment acceptées ; sur cette question distinguée, ou la Donation a été faite par un étranger, ou elle a été faite par le père ou la mère du Donataire.

Dans le cas où la Donation a été faite par un étranger, point de difficulté que la Donation ne renferme la condition, *si nuptiæ sequantur* ; & par conséquent que le Donateur ne reprenne la chose donnée, *nuptiis non secutis* ; la décision de la Loi, *si extraneus ff. de condictione causâ datâ, causâ non secutâ*, ne peut être là-dessus plus formelle, *qui ob matrimonium dedit, habere potest condictionem matrimonio non copulato, nisi fortè evidentissimis probationibus mulier ostenderit, hoc eum ideò fecisse ut ipsi magis mulieri quàm sibi prospiceret.*

Dans le second cas, où la Donation a été faite par un père à son fils ou à sa fille, on distingue encore : ou le Donataire est en puissance de son père, ou il est émancipé ; s'il est en puissance, la Donation que la faveur du mariage faisoit subsister comme Donation entre-vif, ne peut plus ſubſiſter, *matrimonio non ſecuto*, que comme Donation à cauſe de mort; s'il eſt émancipé, la Donation ſubſiſte, & ne peut être révoquée; parce qu'on préſume que le père, en donnant, a eu bien moins pour objèt de faciliter ou favoriſer le mariage qu'il lui a donné, que de pourvoir à l'établiſſement de ſon fils ou de ſa fille; *nec enim*, dit la Loi dernière, *Cod. de dotis promiſſione*, *Leges incognitæ ſunt*, *quibus cautum eſt omninò paternū eſſe officium, dotem, vel antè nuptias donationem, pro ſua dare progenie*; & ce que nous diſons de la Donation faite par le père à ſon fils émancipé, doit avoir lieu également; & par la même raiſon, pour la Donation faite par la mère, qui ne peut avoir ſes enfans en ſa puiſſance, *d'Olive*, *Liv.* 3. *chap.* 30. *Ferrière ſur la queſtion de Gui-Pape* 145. *Albert* in verbo, *Donation*, *Article* 4.

Il ſe préſenta le 24. Janvier 1731. à l'Audience de la Chambre Tournelle, une queſtion qui ſembloit dépendre, & qui dépendoit en effèt de ſçavoir ſi une Donation faite par un père à ſon fils, émancipé en faveur du mariage, pouvoit être révoquée par le père, *nuptiis non ſecutis.*

Pierre Chabirol fait Donation de tous ſes biens à Jacques ſon fils, qui, quelques mois auparavant, avoit été émancipé; il lui fait cette Donation par Contrat de mariage.

Ce mariage n'ayant pû être celebré par quelques difficultés que fit naître le Curé, Chabirol fils & Donataire, fut dans les ſuites condamné à mort par contumace.

Monſieur le Prince de Rohan, à qui appartenoit la fille, fit généralement ſaiſir tous ſes biens, qui n'étoient autres que ceux qui lui avoient été donnés par ſon père.

Le père inſiſtoit ſur la nullité de la Donation comme faite en faveur de mariage qui n'avoit pas été celébré; & par Arrêt rendu au mois de Février 1731. la recréance des biens compris dans la Donation lui fut accordée.

Cet Arrêt peut avoir été rendu ſur des motifs & ſur des circonſtances qui nous ſont inconnuës, mais quoiqu'il en soit, s'il a jugé qu'une Donation faite par le père à son fils, émancipé en faveur de mariage, pouvoit être révoquée, de cela que le mariage ne s'en étoit pas ensuivi; il ne nous paroît pas qu'on doive le regarder comme un prejugé décisif en semblable cas, & qu'il doive prévaloir à tant d'Arrêts contraires, rapportés par les Auteurs que nous venons de citer; peut-être que l'on fût touché de l'état du Donataire, condamné à mort par contumace; mais en cela même, l'Arrêt nous paroît plus singulier, parce qu'il est décidé que le droit de retour n'a point lieu par la mort civile du Donataire.

L'Arrêt rapporté par *Papon*, *Liv.* 21. *titre* 1. *Article* 24. est le même que rapporte *Maynard*, *Liv.* 2. *chap.* 91. & que l'on auroit pû alléguer en faveur du père, ne trouvant aucune application à la cause, parce qu'il est dans le cas d'une condamnation à mort, réellement exécutée en la personne du fils Donataire, & qui ne jugea autre chose, sinon, que l'existence des enfans de ce fils Donataire, ne faisoit pas obstacle au droit de retour, qui le jugea ainsi; non seulement *favore Patris Donatoris*, *& in odium fisci*, mais pour l'interêt même des enfans, ausquels, s'il en faut croire Papon, la Cour déclara après la prononciation de l'Arrêt, avoir entendu que le père délaisseroit les biens à lui adjugés par droit de retour: les biens donnés devoient revenir au père par la mort naturelle du fils; mais ce fils avoit des enfans, & il ne peut y avoir lieu au droit de retour que par le prédecès, *si sine liberis*: l'Arrêt leva cet obstacle pris de l'existence des enfans, & le leva comme nous avons dit, en faveur & pour l'interêt même des enfans, pour exclure le fils à qui les biens auroient été irrévocablement acquis.

## ARTICLE XI.

Lorſqu'une Donation aura été faite en faveur du Donataire & des enfans qui en naîtront, ou qu'elle aura été chargée de ſubſtitution au profit deſdits enfans ou autres perſonnes nées ou à naître, elle vaudra en faveur deſdits enfans ou autres perſonnes par la ſeule acceptation dudit Donataire, encore qu'elle ne ſoit pas faite par Contrat de mariage, & que les Donateurs ſoient des Collatéraux ou des étrangers.

LOrſqu'une Donation, dit l'Ordonnance, aura été faite en faveur du Donataire & des enfans qui en naîtront, &c. Ces termes ſont remarquables; car en effèt, & ſi la Donation étoit autrement conçûë, qu'elle fût faite, par exemple, en faveur ou en contemplation du mariage & des enfans qui en proviendront, les enfans n'y auroient abſolument aucun droit; la Donation ſe termineroit à la perſonne du Donataire, & les enfans en ſeroient tout au plus regardés comme la cauſe impulſive, & non comme la cauſe finale.

Pour faire que les enfans ſoient compris dans la Donation, il faut qu'elle ſoit faite à un tel ou à ſes enfans, les enfans regardés alors comme Donataires en degré ſubordonné, appellés comme tels après leur père, & de maniere pourtant que le père a la liberté de choiſir un d'entr'eux que bon lui ſemble, pour recüeillir l'entière Donation; le tout comme il eſt expliqué au long par pluſieurs Auteurs. *D'Olive Livre* 4. *chap.* 5. *Catellan Livre* 2. *chap.* 14. *Maynard*, *Liv.* 5. *chap.* 91.

Une Donation, diſons-nous, faite entre-vifs à un tel & à ſes enfans, appelle les enfans après le père ; mais il en eſt autrement dans la diſpoſition de dernière volonté ; car, ou que j'inſtituë, par exemple, pour héritier Pierre & ſes enfans, ou que je légue à Pierre & à ſes enfans, les enfans de Pierre ne ſeront appellés que par une ſubſtitution purement vulgaire, de manière que Pierre ayant recüeilli la ſucceſſion ou le legs, ſes enfans ne pourront plus rien prétendre ; on peut voir la raiſon de la différence dans *Ferrière ſur Gui-Pape*, *queſtion* 230.

On a demandé s'il en étoit de la Donation faite à un tel ou à ſes enfans, comme d'une Donation faite à un tel & à ſes enfans par la Loi, *cum quidam* 4. *Cod. de verb. & rer. ſign.* la particule disjonctive *ou*, toutes les fois qu'on donne à deux différentes perſonnes, eſt convertie en la particule conjonctive *&* ; l'effet de cette converſion eſt d'appeller également & par égales portions l'un & l'autre Donataire ; *ſi ita ſcriptum ſit ; illi aut illi dare volo*, *melius eſt conjunctionem* aut *pro & accipi*, *ut videatur copulativo modo eſſe prolata*, *& magis ſit ut & primam perſonam inducat & ſecundam non repellat.*

Mais les Arrêts ont jugé que la déciſion de cette Loi ne devoit être appliquée qu'aux Donations faites à des perſonnes d'une condition égale, également connuës & cheries par le Donateur, qu'elle ne devoit pas être étenduë aux Donations faites à des perſonnes, *inter quas cadit ordo charitatis & ſucceſſionis* ; & qu'ainſi dans le cas propoſé de la Donation faite à un tel ou à ſes enfans, l'effet de la disjonctive *ou*, devoit être le même que celui de la conjonctive *&*, dans le cas de la Donation faite à un tel & à ſes enfans, les enfans en l'un & l'autre cas appellés après leur père.

On ne doutoit point juſques ici, qu'un Donataire ne

pût être chargé de rendre à un tiers, & que la Donation ne fût valable à ce tiers, quoiqu'il n'intervînt pas dans l'Acte, & qu'il n'y eût aucune acceptation de sa part, le tout suivant la disposition de la Loi 3. *Cod. de donat. quæ sub modo*, laquelle corrigeant à cet égard l'ancien Droit, donne une action à ce tiers regardé comme Donataire en degré subordonné; *sed cùm posteà, benignâ juris interpretatione, divi principes ei qui non stipulatus sit utilem actionem, juxta Donatoris voluntatem, competere admiserint, actio quæ sorori tuæ, si in rebus humanis ageret, competebat, tibi commodabitur.*

On ne doutoit pas non plus, que par rapport à ce tiers appellé après le premier Donataire, la Donation ne fût irrévocable, soit de la part du premier Donataire, soit de la part des héritiers du Donateur decédé sans avoir révoqué : car, comme l'observe *Mr. Ricard Tom.* 1. *pag.* 193. *n°.* 870. sous quel prétexte les héritiers du Donateur déja dépossédés par un titre légitime auroient-ils pû par rapport au Donataire en degrés subordonnés, contester l'effet d'une Donation parfaite en ce qui concerne le premier Donataire ? Ou sous quel prétexte encore le premier Donataire, pour conserver incommutablement les choses données, & sans aucune charge de les rendre, auroit-il pû contester la Donation, puisqu'il n'auroit sçû le faire sans attaquer son propre titre, en vertu duquel les choses données lui appartenoient ?

Mais une question qui partageoit le sentiment des Auteurs, & qui donnoit lieu tous les jours à des contestations, étoit de sçavoir, si, en ce qui concernoit le Donataire en degrés subordonnés, & avant qu'il y eût aucune acceptation de sa part, le Donateur pouvoit révoquer pendant sa vie & rendre la Donation inutile & sans effet, s'il le pouvoit seul, ou s'il ne le pouvoit que du consentement & d'un commun accord avec le premier Donataire.

*Ferrière*, *sur la quest.* 222. *de Gui-Pape*, étoit du nombre de ceux qui croyoient que les Donateurs pouvoient seuls révoquer; *donatio*, dit-il, *facta in favorem tertii absentis revocari potest; nam quod scribit Imperator in L. quoties, Cod. de donationibus quæ sub modo. Absenti acquiri utilem actionem intelligi debet, si donator non revocaverit ante acceptationem.*

*Mr. Ricard* au contraire, en l'endroit cité n°. 873. croyoit que le Donateur ne pouvoit révoquer seul, & qu'il ne le pouvoit que du consentement & d'un commun accord avec le premier Donataire Cet Auteur au surplus, n'exceptant aucune espèce de Donation, & celle-là même qu'auroit fait un père à son fils en le mariant, & aux enfans procréés du mariage, quoique le Contrat de mariage étant susceptible parmi nous de toutes sortes de conventions, en faveur des personnes mariées & des enfans en provenans, il ne paroissoit pas que le défaut d'acceptation pût jamais & en aucun cas servir de prétexte à la révocation.

On ne sçauroit dire quelle de ces deux opinions avoit prévalu dans l'usage, la Jurisprudence des Arrêts ne s'étant fixée précisement, ni à l'une, ni à l'autre; mais, quoiqu'il en soit, l'Article que nous expliquons les proscrit également toutes les deux, en déclarant, comme il fait, toutes Donations chargées de substitutions, valables au profit des personnes substituées, nées, ou à naître, en les déclarant valables, & conséquemment irrévocables au profit des personnes substituées par la seule acceptation du premier Donataire, sans distinguer si elles sont faites dans un Contrat de mariage, ou autrement, & si elles sont faites par des parens ou des étrangers

L'acceptation faite par le premier Donataire, profite à tous les Donataires en dégré subordonné, nés ou à naître; mais l'acceptation faite par l'un des deux Donataires sans subordination de l'un à l'autre, profiteroit-elle à celui qui n'auroit pas accepté ? Il donne, par exemple, à Pierre & à Jean; Pierre accepte, & Jean n'accepte pas; l'acceptation faite par Pierre, rendra-t'elle la Donation valable par rapport à Jean ? Je suis persuadé que non, & que l'Ordonnance n'a point entendu comprendre ce cas dans la disposition de l'Article que nous expliquons.

*Ricard* doutoit si peu de la nullité de la Donation par rapport au Co-Donataire non acceptant, qu'en la *page* 525. *du* 1. *Tom. n*. 479. il agite la question; sçavoir, si la portion du Co-Donataire non acceptant, ne doit pas appartenir par droit d'accroissement au Donataire qui a accepté; question qu'il dit en effet avoir été jugée en faveur du Donataire acceptant, mais sur des circonstances pourtant qui ne lui font pas regarder ce préjugé comme devant servir de régle, ou qui doive l'emporter sur la régle, suivant laquelle toute Donation non acceptée, est absolument nulle & de nul effet; *si mihi & Titio*, dit la Loi 110. *ff. de verb. obligat. in cujus potestate non sim stipuler decem; non tota decem, sed quinque sola mihi debentur; pars enim aliena deducitur, ut quod extraneo inutiliter stipulatus sum, non augeat partem meam.*

*Brodeau sur Loüet lettre D. ch.* 4. *n*°. 4. traite la même question, & il la résout sans difficulté, tant contre celui des deux Donataires qui l'accepte, à qui le défaut d'acceptation de son Co-Donataire, ne peut servir de prétexte pour retenir l'entière chose donnée, que contre celui qui n'a pas accepté; & à l'égard duquel le Donateur peut révoquer jusques à l'acceptation, & après la mort duquel l'acceptation seroit inutile.

ARTICLE

## ARTICLE XII.

Voulons pareillement qu'en cas qu'une Donation faite à des Enfans nés & à naître, ait été acceptée par ceux qui étoient déja nés dans le tems de la Donation, ou par leurs Tuteurs ou autres dénommés dans l'Article VII. elle vaille même à l'égard des enfans qui naîtront dans la ſuite, nonobſtant le défaut d'acceptation faite de leur part ou pour eux, encore qu'elle ne ſoit pas faite par Contrat de mariage, & que les Donateurs ſoient des Collatéraux ou des étrangers.

JE donne à Pierre & à ſes enfans; la Donation eſt valable; & l'acceptation qui en eſt faite par Pierre, profite à ſes enfans nés ou à naître : je donne aux enfans à naître de Pierre, la Donation n'eſt valable qu'autant qu'elle eſt faite dans un Contrat de mariage.

Je donne à Pierre & à Jean, ſans aucune ſubordination de l'un à l'autre, la Donation n'eſt valable que pour celui des deux Donataires qui accepte. Tous ces cas ont été propoſés dans les Articles qui précédent, & en voici encore un nouveau. Je donne aux enfans de Pierre nés & à naître; ſi lors de la Donation il y a déja des enfans nés, & que le père, les Tuteurs, ou quelqu'un des aſcendans accepte pour eux, la Donation, quoique faite autrement que par Contrat, & en faveur de mariage, ſera valable à l'égard des enfans à naître : Il plaît au Roi de rendre commune aux enfans à naître, l'acceptation faite pour & au nom des enfans nés lors de la donation, & ce sera, si l'on veut, une exception à la règle, qui rend l'acceptation d'un des donataires, parmi lesquels il n'y a point de subordination inutile à ceux qui n'ont point accepté; mais en même-tems une exception aussi à cette autre règle, prise de la Loi 110. *ff. de verb. obligat.* qui rend inutile l'acceptation à celui qui l'a faite, pour les portions de celui ou de ceux qui n'ont pas accepté; car il ne faut pas douter que la donation ne cédât en entier au profit des enfans qui auroient accepté, s'il n'en naissoit aucuns autres depuis la donation; c'est à ce cas que trouvent une juste application les raisonnemens que fait *Mr. Ricard* en l'endroit que nous avons cité, sur le droit d'accroissement entre deux ou plusieurs co-donataires.

## ARTICLE XIII.

**Les institutions contractuelles & les dispositions à cause de mort, qui seroient faites dans un Contrat de mariage, même par des Collatéraux, ou par des Etrangers, ne pourront être attaquées par le défaut d'acceptation.**

LES institutions contractuelles étoient inconnuës dans le droit Romain, & s'il en est parlé en quelque Loi, c'est toûjours pour les déclarer nulles & de nul effêt; *pactum*, dit la Loi 15. *Cod. de pactis*, *quod dotali instrumento comprehensum est, ut si pater vita fungeretur, ex æqua portione ea quæ nubebat, cum fratre hæres patris sui esset: neque ullam obligationem contrahere, neque libertatem Testamenti faciendi mulieris, patri potuit auferre*; la faveur du mariage les fait tolérer parmi nous: & après tout, on peut dire des institutions contractuelles, ou des promesses d'instituer, qu'elles ne différent presque que de nom des Donations générales de tous biens présens & à venir, tolérées aussi en faveur du mariage par l'Article 17. de cette Ordonnance, qui ne différent, disons-nous, que de nom, si on ne veut adopter la différence qu'y trouve *Mr. le Brun au Traité des successions, Liv. 3. ch. 2. pag.* 401. & qu'il fait consister en ce que l'héritier contractuel ne peut répudier, s'il n'a fait inventaire, au lieu que le défaut d'inventaire n'est pas un obstacle à la répudiation du Donataire.

Qu'une Donation regardée comme un bienfait & une libéralité, ne puisse jamais être onéreuse au Donataire, & qu'elle ne puisse par conséquent être répudiée en tout tems, . sans distinguer si elle est universelle, ou d'une partie des biens, & s'il a été fait inventaire ou non; c'est chose dont on ne doute plus aujourd'hui au Palais, malgré la Jurisprudence contraire, attestée par *Cattellan, Liv. 5. ch.* 24. *Mr. le Brun* le suppose ainsi; mais il en est, dit-il, autrement de l'institution d'héritier, & cela par deux raisons. La première, prise de l'intention présumée de celui d'où part la libéralité; car de-là qu'il a mieux aimé faire une constitution contractuelle, qu'une Donation universelle, il faut croire qu'il a entendu assujettir l'héritier contractuel aux mêmes obligations, qu'un héritier Testamentaire; qu'il a voulu que l'héritier contractuel représentât sa personne, & fût, en défaut d'inventaire, ténu indéfiniment de toutes les charges des biens. La deuxième, prise de ce que le privilège accordé aux Contrats de mariage, d'être susceptibles d'une institution d'héritier, ne seroit qu'une illusion, si l'héritier contractuel n'étoit en effet regardé comme un véritable héritier; & que si on ne distinguoit par-là l'héritier contractuel d'avec le Donataire; s'il en étoit de l'institution contractuelle comme de la Donation universelle, & que l'une n'ajoutât absolument rien à l'autre, nos Auteurs auroient pû se dispenser de se recrier, comme ils font, ſur ce droit ſingulier; & cette prérogative de nos Contrats de mariage, en ce qu'ils ſont ſuſceptibles, non-ſeulement d'une Donation de tous biens préſens & à venir, mais encore d'une inſtitution contractuelle, auſſi irrévocable que la Donation.

On demande ſi celui qui en faveur du mariage a fait une inſtitution contractuelle, ou une promeſſe d'inſtituer, ſatisfait à ſon engagement en n'inſtituant point d'autre héritier, enſorte que malgré cet engagement, il puiſſe valablement vendre, aliéner & contracter, ſans que l'héritier contractuel puiſſe révoquer, ou ſe pourvoir contre ce qui aura été fait dans l'intervale du Contrat de mariage, au decès, ou s'il eſt lié par l'inſtitution ou promeſſe d'inſtituer, de manière que toute diſpoſition de ſes biens au préjudice de l'héritier contractuel, lui ſoit abſolument interdite. *Le Brun en l'endroit cité pag.* 397. *Fernand. ad caput unicum de filiis natis, &c. pag.* 492. *&* 493. de la nouvelle Edition, *& Brodeau ſur Loüet lettre S. ch.* 9. *Ricard, Tom.* 1. *pag.* 237. *&* 238. *Duperier, Liv.* 2. *ch.* 15. *&* 16. *Catellan, L.* 2. *pag.* 257. traitent au long cette queſtion, & tout ce qu'ils en diſent, ſe réduit à ce point, que celui qui a fait l'inſtitution ou qui a promis d'inſtituer, ne peut rien faire en fraude de l'héritier contractuel, qui a un droit acquis ſur tous les biens, du jour du Contrat de mariage; mais que l'inſtitution pourtant, ou la promeſſe d'inſtituer, n'ôte pas à celui qui l'a faite la liberté de contracter, en achetant, vendant, permuttant, *more boni patris-familiâs*, non plus que la liberté de donner, ou léguer à ſes enfans, pourveu qu'il n'excéde guère la légitime, & faire des legs Pies ou des Donations modérées, pour récompenſe de ſervices, ou autrement. *M. Lebrun* cherche à fixer là-deſſus une règle certaine; mais après une aſſés longue Diſſertation, il eſt forcé de convenir que la choſe n'eſt pas poſſible, & que tout dépend des circonſtances qui peuvent conduire à des préſomptions de fraude, ainſi que de l'état, qualité, &

faculté des Parties. Il rapporte un Arrêt qui réduisit un legs considérable fait par la Dame Vicomtesse d'Auch à un Gentil-homme de ses Domestiques, comme fait au préjudice de l'institution contractuelle du sieur Vicomte d'Auch son fils aîné, &c. Après avoir fait l'institution contractuelle, on est lié, disons-nous, de manière à ne pouvoir léguer que des sommes modiques; mais en seroit-il de même, si l'institution étoit faite, à la charge par l'héritier d'acquitter les legs? Non sans doute, & jusques-là qu'on a jugé, que cette charge imposée à l'héritier contractuel d'acquitter les legs, autorisoit celui qui avoit fait l'institution à consumer en legs les trois quarts de son hérédité: La condition d'acquitter les legs, dit *Mr. Catellan*, qui rapporte l'Arrêt au *Liv. 2. page* 334. supposant une reservation d'en pouvoir faire; & cette reservation devant être entenduë conformément au Droit & à la *Loi Falcidie*, qui permet à un Testateur de léguer, à concurrence de trois quarts des biens qu'il laisse en mourant; sans doute que cette condition de payer les legs suppose la reservation d'en pouvoir faire; mais que l'effèt de cette reservation soit tel, que les trois quarts de l'hérédité puissent être distribués en legs au préjudice de l'héritier contractuel, c'est chose, à mon avis, qui pourroit ou qui auroit pû recevoir de la difficulté, en ne laissant à l'héritier contractuel que le quart de l'hérédité; c'est le mettre au niveau du substitué ou du Fidei-commissaire, à qui l'héritier est chargé de rendre, *quod ex hæreditate supererit*, & qui par la disposition de la Novelle 108. d'où a été prise l'authentique, *contra quod ad Senat. Trebell.* ne peut se plaindre de ce que l'héritier grévé lui restituë le quart du Fidei-commis, *quartam institutionis Fideicommissario restituere cogitur*: Comparaison, encore une fois, qui ne nous paroît pas exactement juste; il semble qu'à ce cas & qu'à cette reservation de pouvoir faire des legs, on pourroit justement appliquer ce que dit la Loi 54. *ff. ad Senat. Trebell.* corrigée par la Novelle dont nous venons de parler, *Divus Marcus, cùm de Fidei-commissaria hæreditate cognosceret his verbis : quidquid ex hæreditate mea superfuerit, rogo restituas, & viri boni arbitrium inesse credidit.*

*Fernand*, en l'endroit cité *page* 487. s'est évidemment trompé, lorsqu'il dit en parlant des institutions & substitutions contractuelles, qu'elles sont valables & irrévocables en faveur des enfans à naître du mariage qui se contracte, & non point en faveur des Parties contractantes; *secunda circumstantia est, quòd talia pacta fiant in utilitatem & favorem liberorum descendentium ex matrimonio, cujus contractui cohærent, aut certè alicujus illorum; undè fit ut non valeant talia pacta irrevocabiliter, in utilitatem alterius ex conjugibus.*

L'Ordonnance que nous expliquons ne fait point cette distinction, qui n'a d'ailleurs aucun fondement & n'a jamais été connuë dans l'usage; mais il n'en est pas de même de ce qu'ajoûte cet Auteur; sçavoir, " que les institutions héréditaires, & autres dispositions, soit entre-vifs, „ ou à cause de mort, qui ne subsistent que par la faveur du mariage, ne sont valables & irrévocables, qu'autant que le mariage en faveur duquel elles ont été faites „ s'en est ensuivi, & qu'autant qu'elles ont en effet „ donné lieu au mariage, *propter cohærentiam matrimonii*, „ d'où il conclud „ que si peu qu'elles ayent été faites avant „ ou après le mariage, elles restent en la disposition du „ droit commun, & ne subsistent que dans les cas & dans les „ circonstances qu'elles subsisteroient, si elles avoient été „ faites autrement qu'en faveur du mariage, ou qu'elles subsisteroient, si elles avoient été faites en faveur d'un mariage qui ne se seroit pas ensuivi "; cette décision est sûre; si dans l'espéce de l'Arrêt rapporté par *d'Olive Liv.* 30. *chap.* 3 le même que rapporte *Cambolas, Liv.* 2. *chap.* 21. une Donation faite par un père à son fils non émancipé fut déclarée irrévocable, quoique faite quatre mois avant le mariage, *& matrimonio non cohærens*; c'est, diſent ces Auteurs ; qu'il paroiſſoit évidemment, & de là entr'autres, que la future Epouſe avoit été nommée en l'Acte de Donation, que le père en donnant avoit eu en vûë le mariage, & que le mariage avoit été la cauſe finale de la Donation.

Au nombre des diſpoſitions que la faveur du mariage fait ſeule ſubſiſter, nous pouvons mettre les inſtitutions héréditaires, les Donations des biens à venir prohibées par l'un des Articles ſuivans, autrement qu'en faveur de mariage, les Donations non acceptées, les Donations que fait un père à ſon fils non émancipé ; & les diſpoſitions qui ſubſiſtent, quoique faites en faveur de mariage qui ne s'en eſt pas enſuivi, ſeront celles dont nous avons parlé en expliquant l'Article 10. c'eſt-à-dire, les Donations faites par une mère à ſon fils, ou par un pere à ſon fils émancipé.

Quoique nous ayons dit, & que ce ſoit en effèt le langage de tous les Auteurs, qu'il n'y a qu'une différence de nom entre l'inſtitution contractuelle & la Donation de tous les biens préſens & à venir, je trouve néanmoins que le Parlement de Toulouſe a cherché à les diſtinguer par deux endroits qui paroiſſoient remarquables.

Un père mariant ſa fille dans la Coûtume de Toulouſe, promet de l'inſtituer héritiere en la moitiè de tous ſes biens pour lui tenir lieu de Dot ; la fille décéde avant ſon père, ſans enfans ; le père décéde enſuite, & le mari demandant la moitié. de la ſucceſſion, comme faiſant partie d'une Dot qu'il avoit gagné en ſurvivant à ſa femme ; l'héritier au contraire, inſtitué par le père, qui avoit fait la conſtitution, demandoit la maintenuë aux entiers biens dépendans de la ſucceſſion : Arrêt qui adjuge à l'héritier, à l'excluſion du mari, la ſucceſſion entière. Cet Arrêt, comme l'explique *Mr. Catellan*, *Liv.* 4. *chap.* 12. fondé ſur ce qu'on a crû qu'il ne falloit pas juger de l'inſtitution contractuelle, comme d'une Donation, quoique l'une &

l'autre de ces dispositions fussent également irrévocables; l'institution contractuelle avoit néanmoins, ou conservoit cela de commun avec les autres institutions, que le prédecès de l'héritier sans enfans devoit la rendre caduque; cette distinction pourroit bien être adoptée en thèse, & en ce qui regarde la conduite de l'institution, à l'effet par exemple du retour, en faveur de ceux pour qui il n'en a pas été introduit, en sorte qu'ils reprissent les biens par le prédecès sans enfans de l'héritier contractuel, quoiqu'ils ne pûssent reprendre les biens donnés par le prédecès du Donataire; mais j'ai peine à comprendre qu'on l'adoptât au préjudice d'un tiers, tel que le mari, qui gagne la Dot par le prédecès de sa femme, & qui a compté sur l'institution contractuelle, comme faisant partie de la Dot.

Un père mariant son fils, l'institue, ou promet de l'instituer son héritier; & par le même Acte, il lui fait le délaissement de certains biens à titre de Donation d'entre-vifs, le fils décéde avant le père, laissant à lui survivant deux enfans; & l'Ayeul par son Testament nomme un de ses petits-fils pour recüeillir, tant les biens donnés, que ceux dépendans de l'institution contractuelle: Arrêt, le premier Mars 1731. en la première Chambre des Enquêtes, au Rapport de Mr. de Viguerie, qui confirme l'élection ou nomination pour les biens dépendans de l'institution, mais qui la déclare nulle pour les biens compris en la Donation; *Mr. d'Olive en l'addition ch.* 14. *Liv.* 5. rapporte un Arrêt conforme, en ce qu'il regarde la nomination aux biens dépendans de l'institution contractuelle; mais il n'insinuë rien d'où l'on puisse conclurre qu'il en doive être autrement pour les biens donnés; & je ne vois point en effet, d'où peut être prise la raison de la différence, si on ne veut la prendre de ce que la caducité de l'institution par le predecès de l'héritier contractuel, rend à l'Ayeul la liberté de disposer des biens en faveur

de

de ses petits-fils : Raison qui ne paroît avoir rien de décisif & ne conclud rien, parceque tous les Auteurs conviennent, que dès qu'il y a des enfans de l'héritier contractuel, l'institution subsiste sur leur tête, ainsi que la Donation; que l'une & l'autre subsiste sur leur tête, comme si elles avoient été faites originairement en leur faveur; ce qui conduiroit, ou à permettre à l'Ayeul de nommer aux biens donnés, comme à ceux dépendans de l'institution contractuelle, ou à faire déclarer les biens, acquis aux enfans, sans aucune liberté de choix de la part de l'Ayeul.

Je dis, les biens acquis aux enfans, sans distinction de ceux compris en l'institution, & de ceux dépendans de la Donation; j'instituë dans mon Contrat de mariage le premier enfant mâle qui en naîtra; & au cas ce premier né décéde sans tester, je lui substituë le second de ce mariage. De ce mariage, il naît deux enfans, Pierre & Jean; Jean décéde sans enfans, & instituë sa femme première héritière : Pierre décéde ensuite sans enfans, & instituë aussi sa femme héritière; à qui appartiendront les biens dépendans de l'institution héréditaire? Jean les aura-t'il transmis à son héritière, quoiqu'il soit décédé avant que le cas de la substitution fût arrivé? Ou ces biens auront-ils été libres sur la tête de Pierre, par le prédecès de Jean, & comme tels appartiendront-ils à son héritière? Ce cas est proposé par *Fernand*, *ad caput unicum de filiis natis*, *&c. cap.* 10. *n°.* 9. & la manière dont il le décide nous fait voir une différence bien remarquable, entre une institution ou substitution contractuelle, & une institution ou substitution Testamentaire : S'il s'agit, dit cet Auteur, d'une substitution Testamentaire, il n'y a pas de difficulté à la regarder caduque par le prédecès de Jean; mais il en est autrement d'une substitution contractuelle : celle-ci ne devient point caduque par le prédecès du substitué, qui en transmet l'espérance à ses héritiers, même étrangers, &

cela par la raison ou par un argument, pris de ce qu'on trouve décidé par *Justinien*, *au Tit. de verb. oblig. ex stipulatione conditionali, tantùm spes est debitum iri, eamque ipsâ spem in heredem transmittimus*; *Fernand*, en raisonnant ainsi, comprend bien ce qu'il y a de singulier dans une décision qui conduit à rendre moins avantageuse la condition de l'aîné, que celle du cadet, puisqu'elle donne au cadet la liberté de disposer des biens substitués, & qu'elle l'ôte à l'aîné, lors même qu'il survit à son frère; mais enfin, ajoute-t'il, telles sont les régles; & il n'est pas permis de s'en départir, *vis verborum, & rigor dispositionis pro secundi filii uxore facit.*

*Fernand*, dans le même endroit, propose encore une autre question, qui dépend du même principe, " j'institue „ dans mon Contrat de mariage le premier enfant mâle „ qui en sera procréé; si le premier décéde sans enfans, „ je lui substitue le second; & si le second décéde en„ core sans enfans, je lui substitue le troisiéme. „ Le second décéde laissant à lui survivant des enfans; le premier décéde ensuite sans enfans; à qui appartiendront les biens substitués? Sera-ce au troisiéme en vie, lorsque le cas de la substitution arrive? Sera-ce aux enfans du second par le bénéfice de la transmission? S'il s'agissoit d'une substitution testamentaire, on ne pourroit sans doute que décider en faveur du troisiéme; parceque si bien on a introduit la transmission d'un Fidei-commis conditionel en faveur des enfans du substitue, ou Fidei-commissaire, décédé avant l'événement de la condition, ce n'est jamais qu'en défaut d'autres enfans appellés de leur chef: Un enfant appellé de son chef est toujours préféré sans difficulté à ceux qui ne le sont que par le bénéfice de la transmission. Mais il faut raisonner autrement d'une substitution contractuelle: *pertinet*, dit Fernand, *ad filios secundi, propterea quòd Fidei-commissũ illud, contractu relictum fuit, sub inde, sua quæ natura transmissibile*, la différence fondée toûjours ſur ce principe, que, *ex ſtipulatione conditionali tantùm ſpes eſt debitum iri*, *&c.*

Nous finiſſons en obſervant que les Contrats de mariage ſont ſuſceptibles, non ſeulement d'une inſtitution héréditaire, mais d'une reſtitution même de Fidei-commis, qui a trait de tems, & auquel pluſieurs perſonnes ſe trouvent également appellées; un mari inſtituë héritière ſa femme, à la charge de rendre après ſa mort à l'un des enfans, à ſon choix. Dans les règles ordinaires, la femme ne peut faire pendant ſa vie une élection irrévocable, & quelle élection qu'elle faſſe, elle conſerve toûjours la liberté de varier, *leg. cùm Pater* 77. *§. attitia ff. de leg.* 2. *non eſſe electionem propter incertum diem Fidei-commiſſi*; l'exception à ces règles, eſt la faveur du mariage, ainſi qu'il eſt expliqué au long par *d'Olive*, *Liv.* 5. *chap.* 25.

# ARTICLE XIV.

Les Mineurs, les interdits, l'Eglise, les Hôpitaux, Communautés, ou autres qui joüissent des privilèges des Mineurs, ne pourront être restitués contre le défaut d'acceptation des Donations entre-vifs, le tout sans préjudice du recours tel que de Droit desdits Mineurs ou interdits contre leurs Tuteurs ou Curateurs, & desdites Eglises, Hôpitaux, Communautés, ou autres joüissans du privilège des Mineurs contre leurs Administrateurs, sans qu'en aucun cas la Donation puisse être confirmée sous prétexte de l'insolvabilité de ceux contre lesquels ledit recours pourra être exercé.

L'Article V. ayant déclaré toutes les Donations non acceptées, nulles & de nul effet, & les Articles VII. & VIII ayant déclaré nécessaire l'acceptation; sçavoir, des Donations faites aux Mineurs par le ministère de leurs Tuteurs, Curateurs, Pères, Mères, ou autres ascendans; des Donations faites aux Hôpitaux, ou autres établissemens de charité par le ministère des Administrateurs; & des Donations faites à l'Eglise pour le Service Divin, fondation particulière, ou pour la subsistance des pauvres par le ministère des Curés & Marguilliers; on auroit pû sans doute par voye de conséquence décider, que ni les Mineurs, ni les Communautés joüissant du privilège des Mineurs, ne pouvoient être restituées envers le défaut d'acceptation, l'effet d'une nullité absoluë étant celui de réduire l'Acte *ad non esse, ad non titulum*; mais il a plû à Sa Majesté de s'expliquer encore là-dessus plus clairement, en interdisant, comme Elle fait par l'Article présent, tout espoir de restitution en entier.

Nous avons observé, en expliquant l'Article VII. que dans ces Provinces on avoit été jusques ici dans l'usage de ne compter pour rien le défaut d'acceptation par rapport à l'Eglise & aux Pupilles; & que si à l'égard des Mineurs le défaut d'acceptation rendoit la Donation nulle, les Mineurs pour n'avoir pas accepté, étoient aisément restitués, en prenant des Lettres dans les dix ans après la majorité accomplie.

Par la raison qu'un Mineur ne peut être restitué envers un Acte nul d'une nullité absoluë, le Majeur qui a contracté avec le Mineur n'a pas besoin aussi de demander à être restitué lui-même envers son obligation. On dit communément que voyes de nullité n'ont pas lieu en France; ce qui conduit à la nécessité de se pourvoir par Lettres en rescision, & de se pourvoir dans les dix ans, quoiqu'on ne soit lié que par un Acte nul. Mais la maxime est mal entenduë, si on ne la restreint aux Actes qui sont nuls, parce qu'ils sont déclarés tels par le Droit Romain; & si on ne veut l'étendre aux Actes nuls, & declarés tels par les Ordonnances de nos Rois, & par les Coûtumes. Un Acte nul de cette dernière nullité n'obligeant aucune des Parties contractantes qui peuvent opposer la nullité en tout tems, & sans qu'il soit besoin des Lettres du Prince; on peut voir ce que dit là-dessus *Mornac sur la Loi, Si mulier ff. quod metus causa, Loisel en ses Institutions coûtumières, Liv. 5. Tit. 2. num. 5. Coquille en ses Institutions du Droit François, titre du droit de Royautés page 6. & en ses Notes sur l'Article 48. de l'Ordonnance de Blois, Papon en ses Arrêts, Liv. 16. Tit. 3. art. 11. Brodeau sur Loüet, lettre C. chap. 8. num. 11.*

*Les Communautés*, dit l'Ordonnance, *qui joüissent du pri-*

*vilège des Mineurs*; parce qu'en effet, toutes Communautés Ecclésiastiques ou Laïques, Séculières, ou Régulières, joüissent du privilège commun aux Mineurs, de pouvoir être restituées envers les Actes, par lesquels elles sont lézées: Les Communautés sont comparées aux Mineurs, mais on demande si elles doivent être comparées à un Mineur, *facto majori*, en sorte que comme le Mineur devenu Majeur, doit se pourvoir nécessairement dans les dix années, qui sont le terme de toutes les actions rescisoires, dans les dix années, à compter du jour de la majorité accomplie, les Communautés doivent aussi se pourvoir dans les mêmes délais, à compter du jour que les Actes ont été passés. Les Communautés ont prétendu que pour les actions rescisoires, comme pour toutes les autres, on ne pouvoit leur opposer d'autre prescription, que celle dont il est parlé dans l'autentique, *quas actiones Cod. de Sacro-Sanctis Eccl.* c'est-à-dire, la prescription quaranténaire. Nombre d'Auteurs au contraire ont decidé que le délai pour les Communautés n'étoit autre que celui accordé aux Mineurs; c'est-à-dire, de dix années depuis que les Actes ont été passés; cette décision fondée sur le *Chap.* 1. *& dernier, de restitutione in integrum in 6°.* mais je crois qu'on peut s'en tenir à un tiers avis, qui est celui de proroger le délai jusqu'à la vingtième année, & au lieu de dix en donner vingt; ce tiers avis fondé sur quelque Arrêt qu'on trouve rapporté par *Boniface Tom.* 4. *pag.* 789. conforme d'ailleurs à l'esprit de l'Ordonnance de 1667. laquelle en l'Article 17. du titre de l'exécution des Jugemens, & en l'Article 7. du titre dernier, double en faveur des Communautés, les délais qu'elle donne aux particuliers, soit pour appeller d'un Jugement, soit pour se pourvoir envers un Arrêt par Requête civile: je ne connois point d'Arrêt de ce Parlement qui ait condamné l'avis de ceux qui veulent proroger les délais aux Communautés jusqu'à trente ou quarante années, suivant qu'elles sont Ecclésiastiques ou Laïques; mais j'en connois un du moins qui condamne l'opinion de ceux qui ne veulent leur donner que le délai ordinaire de dix années; c'eſt celui qui fut rendu au mois d'Août 1730. en la première Chambre des Enquêtes, & par lequel le ſieur Robert, Prévôt de l'Egliſe Cathédrale de Nîmes, fut debouté des fins de non-recevoir, qu'il oppoſoit à une Communauté avec laquelle il avoit tranſigé; ces fins de non-recevoir, priſes de ce que la tranſaction attaquée avoit été paſſée depuis plus de dix années. *Catellan, Liv. 3. chap. 32. pag. 518. in fine.*

L'Article que nous expliquons donne un recours aux Mineurs & aux Communautés, contre les Tuteurs & Adminiſtrateurs qui n'ont pas accepté; & on ne fait en cela que ſe conformer aux principes du Droit qui rendent garant un Tuteur de ce qu'il n'a point fait lorſqu'il devoit le faire, & de ce qu'il a fait lorſqu'il ne devoit pas le faire: *In his quæ non fecit cùm facere deberet, & in his quæ fecit cùm facere non deberet.*

L'Ordonnance prévoyant le cas de l'inſolvabilité des Tuteurs & Adminiſtrateurs, veut que ſous ce prêtexte les Donations ne puiſſent être confirmées, ſans indiquer en ce cas aux Mineurs & aux Communautés aucune autre voye de ſe procurer une indemnité; mais ſans doute qu'à cet égard elle a entendu laiſſer les choſes en la diſpoſition du droit commun; c'eſt-à-dire, laiſſer aux Mineurs la voye du recours ſubſidiaire contre les parens nominateurs, & comme tels garants de l'adminiſtration, ſuivant ce qui eſt dit en la Loi 4. *ff. de fide-juſſoribus & nominatorib. affirmatores ſcilicèt, qui idoneos eſſe Tutores affirmaverunt, fide-juſſorum vices ſuſtinere.* L'action ſubſidiaire eſt accueïllie ſans difficulté dans le Païs du Droit écrit, mais peu connuë dans les Païs coûtumiers; du moins s'il en faut juger par un plaidoyer de M. l'Avocat Général Talon, que nous trouvons rapporté dans le ſecond Tome de *Bardet pag.* 582. & dans lequel ce Magiſtrat cherche à prouver qu'un pareil recours contre les nominateurs n'eſt pas même fondé dans les principes du Droit Romain.

## ARTICLE XV.

Aucune Donation entre-vifs ne pourra comprendre d'autres biens, que ceux qui appartiendront au Donateur dans le tems de la Donation; & ſi elle renferme des meubles ou effèts mobiliers, dont la Donation ne contienne pas une tradition réelle, il en ſera fait un état ſigné des Parties qui demeurera annéxé à la minute de ladite Donation; faute de quoi le Donataire ne pourra prétendre aucuns deſdits meubles ou effèts mobiliers, même contre le Donateur ou ſes héritiers. Défendons de faire doréſnavant aucunes Donations des biens préſens & à venir, ſi ce n'eſt dans les cas ci-après marqués, à peine de nullité deſdites Donations, méme pour les biens préſens, & ce encore que le Donataire eût été mis en poſſeſſion, du vivant du Donateur, deſdits biens préſens, en tout ou en partie.

CET Article contient trois diſpoſitions bien rémarquables, & qui font autant de changement en la Juriſprudence reçûë juſques ici dans preſque tous les Parlemens du Royaume.

1°. En ce qu'il prohibe toutes Donations des biens préſens &

& à venir, sauf & excepté le cas dont il est parlé dans l'un des Articles suivans.

2°. En ce qu'il déclare nulles les Donations des biens présens & à venir, par rapport même aux biens présens.

3°. En ce qu'il veut, à l'égard des meubles ou effets mobiliers, que la Donation n'en soit valable, si elle n'est accompagnée d'une tradition réelle, qu'autant qu'il en est fait un état, description, ou inventaire signé des Parties, & qui demeure annéxé à la minute de l'Acte.

Nos Auteurs ont fait bien de dissertations sur la question, sçavoir, si on pouvoit valablement donner tous & chacuns ses biens présens & à venir; les uns ténants pour l'affirmative, fondés sur divers textes du Droit sur la Loi, entr'autres, *si quis argentum* 35. §. *sed & si quis. Cod. de donat*; les autres au contraire regardant ces Donations générales & universelles comme nulles, par les principes même du Droit Romain, qui ne veut point qu'on puisse s'interdire la faculté de tester comme on se l'interdit sans-doute dès qu'on a compris dans la Donation, non-seulement les biens présens, mais encore les biens à venir, *presentia & futura*.

La Jurisprudence des Arrêts avoit cherché à concilier ces différentes opinions, en déclarant nulles toutes Donations qui ne contiendroient de la part du Donateur quelque reservation en capital ou en usufruit; le Donateur dans un cas pouvant tester du capital reservé, & pouvant tester dans l'autre, de ses épargnes; lesquelles on jugeoit, par cette raison, ne pas appartenir au Donataire comme un bien à venir; mais enfin voici une Loi nouvelle, & qui rend toutes les dissertations inutiles. « Toute Donation des „biens présens & à venir est proscrite „; & ce n'est point dans l'inconvénient pris de ce qu'on s'interdit par la liberté de tester qu'il faut chercher le motif de la prohibition, puisque la prohibition ne tombe pas moins sur la Donation d'une partie, que de la totalité des biens.

La prohibition, disons-nous, ou le motif de la prohibition, ne tombe pas ſur la Donation en ce qu'elle comprend la totalité des biens, elle tombe uniquement ſur la nature des biens à venir, que l'on juge ne pouvoir être compris dans une Donation, par cette raiſon entr'autres, que les biens à venir ne paroiſſent pas ſuſceptibles d'une tradition de droit ou de fait ſi eſſentiellement réquiſe par les Coûtumes, & ſans laquelle une Donation ne ſçauroit ſubſiſter : On ne peut voir en effêt de raiſonnemens plus ſolides que ceux dont ſe ſert *M. Ricard*, *Tome premier*, *page* 122. *& ſeq.* pour prouver qu'on ne peut donner des biens à venir, ſans violer la maxime, *donner & retenir ne vaut* ; & quoiqu'il ſoit forcé de convenir que de ſon tems, l'uſage contraire avoit prévalu, il ne deſeſpére pourtant pas, dit-il, qu'à force de réfléchir ſur les principes, on ne revienne un jour de cette erreur ; ce jour eſt arrivé, & rien ne peut faire ſans doute plus d'honneur à la mémoire de cet Auteur.

On ne peut diſſimuler que l'Ordonnance, en déclarant une Donation des biens préſens & à venir, nulle par rapport même aux biens préſens, paroît d'abord contraire aux régles, parce qu'enfin on trouve dans le Droit & dans les coûtumes une infinité d'exemples de diviſibilité des Actes qui ſubſiſtent pour une partie, & ne ſubſiſtent pas pour l'autre.

Que dans les Païs où il n'eſt permis de diſpoſer par Teſtament, que du quint des propres, un Teſtateur diſpoſe de la totalité, la diſpoſition ſubſiſtera à concurrence du quint ; qu'une femme donne à ſon ſecond mari, ou un mari à ſa ſeconde femme au-delà de ce qui lui eſt permis de donner par la *Loi hâc ædictali*, la libéralité ſubſiſtera à concurrence du *qui minus* ; & pour nous rapprocher encore plus de la matière que nous traitons ; que je ne faſſe pas inſinuer une Donation dans le cas & en la forme preſcrite par les Loix, ce défaut ne rendra pas la Donation nulle, pour la ſomme à concurrence de laquelle les Loix permettent de donner, ſans obſerver cette formalité. Dans tous ces cas & autres ſemblables, le vice ou la nullité d'une partie de l'Acte, ne ſe communique point à cette autre partie de l'Acte, qui n'a rien de vicieux. A ces cas & autres ſemblables, on applique la maxime *utile per inutile non vitiatur*: & on peut encore ajoûter que par l'option qu'on donne au Donataire des biens préſens & à venir, de prendre la Donation du jour qu'elle a été faite, ou du jour du decès du Donateur, on trouve, pour ainſi dire, dans un ſeul & même Acte, deux genres de Donation, dont l'un n'a rien de commun avec l'autre; une Donation des biens préſens réellement diſtincte de la Donation des biens à venir.

Cet Article ne fut pas oublié dans les rémontrances de Meſſieurs du Parlement; mais Mr. le Chancellier leur rappella qu'ils étoient convenus eux-méme de l'indiviſibilité de l'Acte de Donation, dans leur réponſe à une des queſtions propoſées ſur cette matière; ſçavoir, ſi une Donation générale & univerſelle, faite ſans aucune réſervation, & par-là nulle & caſſable, ne pouvoit pas du moins ſubſiſter pour les biens préſens, ou ne pouvoit pas être valide par la rénonciation du Donataire aux biens à venir: Meſſieurs du Parlement ayant en effet répondu que la Donation étant nulle dans ſon principe par le défaut de réſervation, la nullité ne pouvoit être couverte par aucune déclaration ou reſtriction faite après coup de la part du Donataire; que la nullité influoit dans toutes les parties de l'Acte & le rendoit abſolument nul.

Mr. le Chancellier ajoûta, que ſi le Roi n'avoit pas jugé à propos de permettre dans le cas de cet Article, la ſéparation des biens préſens, & des biens à venir, c'étoit parce qu'il avoit paru contraire aux véritables principes du Droit, de diviſer un Acte qui a été originairement (un) dans l'eſprit des Contractants; avec d'autant plus de raiſon, que les choſes n'étant plus entières lorſqu'on en venoit à cette distinction, il n'étoit pas possible de sçavoir si elle étoit conforme à l'intention du Donateur; & qu'enfin l'expérience avoit montré que cette liberté d'opter laissée au Donataire, ou du jour de la Donation, ou du jour du decès, ouvroit la porte à un nombre infini de Procès, que le premier objet de la Loi est de prévenir; *Ricard, Tome premier, page* 228. 229.

On trouve dans le premier *Tome du Journal des Audiences, page* 216. un Arrêt qui paroît conforme à l'esprit de l'Ordonnance, en ce qu'il jugea qu'un Donataire ne pouvoit diviser la Donation qui lui avoit été faite par deux différentes personnes, conjointement & par le même Acte; qu'il ne pouvoit la diviser, non plus que l'acceptation qu'il en avoit faite, pour retenir les biens de l'un, en abandonnant ceux de l'autre, & qu'il étoit adstraint, *vel agnoscere in totum, vel à toto recedere, &c.*

*Donner & retenir* ne vaut, dit la *Coûtume de Paris, en l'Article* 273. & c'est encore sur cette règle qu'est fondée la disposition de l'Ordonnance, lorsqu'elle exige, pour que la Donation des effèts mobiliaires soit valable, ou qu'il y en ait une tradition réelle, ou qu'il en soit fait un état qui demeure attaché à la Minute de l'Acte; car en joignant ce qu'ajoûte la Coûtume de Paris, immédiatement aprés, & en l'Article 274. sçavoir, " que „ c'est donner & retenir, quand le Donateur s'est réservé la „ faculté de disposer librement de la chose donnée, ou qu'il „ démeure en possession jusques au jour de son decès „; on comprend aisément que celui qui donne des effèts mobiliaires dont il ne se désaisit pas, les retient en effèt & conserve la liberté d'en disposer, s'il n'en est fait une description ou inventaire attaché & inséparable de l'Acte de Donation.

Quand l'Ordonnance parle d'une tradition réelle, elle en parle par opposition à cette autre tradition que l'on appelle feinte ou civile & qui se fait par la réservation d'usufruit, ou par la Clause de constitut de précaire; mais il est aisé de comprendre qu'elle n'entend pas pour cela qu'il soit de l'essence de la Donation des effèts mobiliaires, qu'ils soient réellement délivrés au Donataire, ou que les effèts mobiliaires ne puissent être susceptibles de la tradition feinte & civile, puisqu'il n'est pas douteux que les meubles aussi-bien que les immeubles, peuvent être retenus à titre d'usu-fruit; & que suivant la Loi 4. *ff. de precario*, ils peuvent même être retenus & possédés à titre de précaire: *in rebus etiàm mobilibus precarii rogatio consistit*; elle entend seulement que le Donateur ne peut être chargé envers le Donataire par un titre précaire, qu'autant que la nature, qualité & quantité des effets donnés, sont fixés par un inventaire, & que sans cet inventaire attaché à la Donation, la tradition même civile & feinte, démeure imparfaite; nulle espèce de Donation ne pouvant tomber sur une chose incertaine; *arg. L. 3. §. incertum 3. & L. 26. ff. de acquirenda vel amittenda possessione.*

Une chose qui paroît singulière, c'est que l'Ordonnance déclare la Donation des immeubles sans tradition réelle, ou sans inventaire, nulle par rapport même au Donateur, quoique tous les Auteurs, & les Auteurs même des Païs Coûtumiers, conviennent que la tradition civile ou réelle, n'est réquise que par rapport aux héritiers, ou aux Créanciers du Donateur; celui-ci, disent-ils, pouvant être contraint par le Donataire d'effectuer son engagement par la délivrance des choses données, ainsi qu'il étoit par le Droit Romain, auquel les Coûtumes n'ont fait d'autre changement, sinon en ce qu'elles ont déclaré personnel au Donateur l'engagement par lui contracté, & n'ont pas voulu que cet engagement fût transmis à ses héritiers, s'il n'y avoit une tradition réelle ou civile, les héritiers pouvant par cette raison, ce que ne pourroit le Donateur lui-même, opposer la nullité prise de la maxime, *donner & retenir ne vaut*, *ad exemplum venditionis*, dit Justinien, *Tit. de donat.* §. 2. *nostra Constitutio Donationes in se habere necessitatem traditionis voluit; ut etiàm si non tradantur, habeant plenissimum & perfectum robur, & traditionis necessitas incumbat Donatori, &c. Ricard Tome premier pag.* 186. 211. & 212.

## ARTICLE XVI.

Les Donations qui ne comprendront que les biens préſens, ſeront pareillement déclarées nulles, lorſqu'elles ſeront faites à condition de payer les dettes & charges de la ſucceſſion du Donateur, en tout ou en partie, ou autres dettes & charges, que celles qui exiſtoient lors de la Donation ; même de payer les légitimes des enfans du Donateur, au-delà de ce dont ledit Donataire peut en être ténu de droit, ainſi qu'il ſera règlé ci-après ; laquelle diſpoſition ſera obſervée généralement à l'égard de toutes les Donations faites ſous des conditions dont l'exécution dépend de la ſeule volonté du Donateur, & en cas qu'il ſe ſoit réſervé la liberté de diſpoſer d'un effèt compris dans la Donation, ou d'une ſomme fixe à prendre ſur les biens donnés ; voulons que ledit effèt ou ladite ſomme, ne puiſſent être cenſés compris dans la Donation, quand même le Donateur ſeroit mort ſans en avoir diſpoſé ; auquel cas ledit effèt ou ladite ſomme appartiendront aux héritiers du Donateur, nonobſtant toutes clauſes ou ſtipulations à ce contraires.

SI l'Ordonnance déclare nulles les Donations des biens préſens, à condition de payer des dettes ou charges, autres que celles qui exiſtoient lors de la Donation ; & ſi elle déclare également nulles les Donations faites ſous des conditions, dont l'exécution dépend de la volonté du Donateur : c'eſt, comme M. le Chancellier a voulu bien le marquer à Meſſieurs du Parlement, qui avoient fait encore là-deſſus des rémontrances, parce qu'il eſt de l'eſſence d'une Donation entre-vifs d'être irrévocable, & que l'équité naturelle ne permet pas d'autoriſer un Donateur à révoquer par des voyes indirectes, ce qu'il ne pourroit révoquer directement : on comprend, en effet, combien il ſeroit aiſé à un Donateur d'anéantir la Donation, en tout ou en partie, par des diſpoſitions qui ne dépendroient que de ſa volonté, & on comprend auſſi qu'il n'eſt rien de plus oppoſé à l'irrévocabilité de la Donation.

Quand l'Ordonnance défend d'aſſujettir le Donataire à autres charges, que celles qui exiſtoient lors de la Donation ; elle n'entend pas ſans doute ôter au Donateur, la liberté de faire telles réſervations, ou d'impoſer à la Donation telles conditions que bon lui ſemble ; elle entend ſeulement, que le Donataire ne puiſſe faire des réſervations, ou impoſer des conditions arbitraires ; elle entend ſeulement que le Donataire ne puiſſe être obligé d'acquitter les charges & les dettes, autres que celles inhérentes aux biens, ſi elles ne ſont fixes, certaines & expreſſement déclarées par le Donateur.

Je dis les charges autres que celles inhérentes aux biens, telles que les dettes paſſives du Donateur, car le Donataire eſt ſi fort ténu de celles-ci par la nature même de l'Acte, qu'on juge qu'il en eſt ténu même dans le cas où la Donation a été faite franche & quitte des charges, par la raiſon que *non dicuntur bona, niſi deducto ære alieno. Ricard, Tom. 1. pag.* 231.

Encore une fois, l'Ordonnance ne parle des dettes & charges exiſtantes lors de la Donation, que par oppoſition aux

aux dettes & aux charges, qui pourroient être créées & imposées arbitrairement par le Donateur depuis l'Acte de Donation.

Il y a quelques Coûtumes dans le Royaume, qui ne regardent pas comme contraire à la nature de la Donation entre-vifs, la condition d'acquitter les charges de la succession du Donateur, ou la condition du moins d'exécuter & accomplir la dernière volonté du Donateur; parceque quoique ces charges ne soient pas fixées lors de la Donation, elles peuvent l'être néanmoins par rapport à la qualité de la personne & des biens, & réduites à quelques legs pieux; *etiàmsi*, dit Dumoulin, *non sit certa summa, ea intelligitur secundùm qualitatem personæ & bonorum. Ricard, Tom. 1. pag.* 231.

Mais il y a lieu de croire que ces Coûtumes sont abrogées par l'Article que nous expliquons: L'esprit de l'Ordonnance étant celui de ne laisser absolument rien d'arbitraire au Donateur, & de ne permettre rien au Donateur qui puisse donner la plus légère atteinte à la Donation.

Ce que nous venons de dire de la condition d'acquitter les dettes & charges, autres que celles existantes ou créées lors de la Donation, s'applique naturellement à toutes autres conditions, dont l'exécution dépend de la volonté du Donateur; parceque l'effèt des unes & des autres, est celui de laisser la Donation comme en suspens, & ne la faire subsister qu'autant qu'il plaît au Donateur qu'elle subsiste.

Que je donne, par exemple, sous la condition que je ne me marierai pas, la Donation sera nulle, quand même je ne me marierois pas; elle sera nulle, parceque j'aurai toûjours retenu le pouvoir de l'anéantir en me mariant, & que je ne puis avoir retenu le pouvoir d'anéantir la Donation, sans avoir indirectement retenu les choses données, *donner & retenir ne vaut*; on peut voir un Arrêt rendu en cette espèce, & sur ce moyen dans le *troisième*

K

*Tome du Journal des Audiences, page 197.*

Sous des conditions, dit l'Ordonnance, dont l'exécution dépend de la seule volonté du Donateur; & de-là on doit conclurre qu'une Donation ne feroit pas moins valable, pour avoir été faite sous des conditions casuelles ou mixtes, le tout suivant la disposition du Droit, en la Loi 1. *ff. de Donationibus. Dat aliquis eâ mente ut statim velit accipientis fieri, nec ullo casu ad se reverti. Hæc propriè Donatio appellatur. Dat aliquis ut tunc demùm accipientis fiat, cùm aliquid secutum fuerit; non propriè Donatio appellabitur, sed totum hoc Donatio sub conditione est, &c. Ricard Tom. 1. pag.* 232. *&* 233.

On pourroit demander, pourquoi l'Ordonnance déclare les Donations nulles, soit par la condition de payer les dettes ou charges contractées postérieurement, soit par la condition dont l'exécution dépend de la seule volonté du Donateur? Et pourquoi en laissant subsister les Donations, ne se contente-t'elle pas en l'un & en l'autre cas de rejetter la condition comme contraire à la nature de l'Acte? Mais nous avons dejà vû en expliquant l'Article qui précéde, que la règle *utile per inutile non vitiatur*, n'est pas sur cette matière une règle bien sûre; & puisque enfin la condition dont nous parlons, laisse au pouvoir du Donateur d'anéantir la Donation, n'y a-t'il pas moins d'inconvénient à ce que la Loi prononce elle-même la nullité de l'Acte qu'à la faire dépendre de la volonté du Donateur? Le Donateur ici d'autant moins favorable, qu'il n'auroit cette liberté, que pour avoir contrevenu à la Loi & l'avoir impunément méprisée.

L'Article finit, en disant, que si le Donateur se reserve la liberté de disposer d'un effêt compris dans la Donation, ou d'une somme fixe, à prendre sur les biens donnés, cet effêt & cette somme, en défaut d'autre disposition de la part du Donateur ne feront point censés compris dans la Donation: & jusques-là il n'y a rien qui ne soit conforme à nos usages: les Arrêts rapportés par *Maynard*, *Liv.* 2. *chap.* 94. *Cambolas*, *Liv.* 5. *chap.* 1. *d'Olive*, *Liv.* 3. *chap.* 28. ayant jugé, en effet que ce dont le Donateur se reserve de disposer des biens donnés, & ce dont la femme dans la Coûtume de Toulouse se reserve le pouvoir de disposer de la Dot, appartient aux héritiers, *ab intestat*, de ce Donateur, ou de cette femme, qui n'ont pas disposé, le tout à l'exclusion du mari ou du Donataire; ces Arrêts fondés sur la Loi *si mulier*, *Cod. de jure dotium*, & sur la Loi 4. *Cod. de contrahenda & committenda stipulatione*; mais l'Article ajoûte, qu'il en doit être ainsi, nonobstant toutes clauses ou stipulations à ce contraires, c'est-à-dire, qu'il en doit être ainsi, car on ne sçauroit l'entendre autrement, dans le cas même où il auroit été stipulé, qu'en défaut de nouvelle disposition, la somme ou l'effet reservé appartiendroit au Donataire, & en cela il fait un changement considérable; car on n'auroit point douté jusques ici, du-moins dans les Païs régis par le Droit écrit, de la validité d'une semblable stipulation, & rien ne le prouve mieux que le doute même qu'on avoit fait naître en faveur du Donataire, contre l'héritier *ab intestat*, lorsque le Donateur n'avoit disposé, ni pour l'un, ni pour l'autre: Si on vouloit sçavoir la raison de ce changement, il seroit aisé de la trouver dans la maxime dont nous avons parlé, *donner & retenir ne vaut*; car il est bien évident qu'un Donateur retient en effet tout ce dont il se reserve la disposition, de quelques clauses d'ailleurs, ou de quelques stipulations que cette réservation soit accompagnée.

J'ai vû rendre depuis peu un Arrêt singulier sur cette matiere. Le sieur Tabarier, Receveur des Tailles du Diocése de Saint-Pons, fait Donation de sa Charge à un de ses néveus, & il se réserve la somme 6000. liv. pour en disposer, dit-il, à la fin de ses jours & avec clause, qu'au cas il n'en disposera pas, elle appartiendra au Donataire, comme faisant partie de la Donation. Le Donateur quelque tems avant sa mort fait Testament, & institué un héritier, autre que le Donataire: Le Donataire prétend que la somme reservée est comme comprise dans la Donation, pour n'en avoir pas été autrement disposé par le Donateur; & l'héritier au contraire la demande en vertu du Testament, qui ne peut lui avoir transmis tous les droits du défunt, sans lui transmettre aussi tout ce dont le défunt s'étoit réservé la liberté de disposer. Arrêt en la troisième Chambre des Enquêtes le 7. Avril 1729. au Rapport de Mr. Blanc, qui adjuge la somme au Donataire.

La question aujourd'hui & depuis la nouvelle Ordonnance, seroit sans doute jugée tout autrement; mais on peut dire que lors même qu'elle fut jugée, elle paroissoit recevoir beaucoup de difficulté; car enfin on ne pouvoit pas dire du Donateur, qu'il fut decédé sans avoir disposé, puisqu'il étoit decèdé après avoir fait Testament, & qu'à supposer, comme il le falloit nécessairement pour exclurre l'héritier, la nécessité d'une disposition expresse, spécifique & individuelle, c'étoit de suppléer à l'Acte contre le Donateur, quoiqu'il soit decidè contre le Donateur, non-seulement qu'il ne peut être rien suppléé dans un Acte de Donation contre le Donateur, mais que les clauses même obscures & équivoques d'une Donation, doivent être interprétées, de manière, *ut Donator quàm minimùm donâsse intelligatur*, si par les Arrêts de *Maynard*, *d'Olive*, *Cambolas*, *&c.* la somme réservée doit appartenir, en défaut de Testament, à l'héritier *ab intestat*; lorsque le Donateur ne l'a point transportée au Donataire, pourquoi n'appartiendra-t'elle pas à l'héritier Testamentaire, lorsque le Donateur ne la transportée au Donataire qu'en défaut de disposition, comm'e si le Testament n'étoit pas en effet une disposition de l'effet réservé par le Donateur, ainsi que de ses autres noms, voix & actions.

Au surplus, cet Article en ce qu'il y est parlé de la contribution du Donataire au payement de Légitimes, a une liaison essentielle avec l'Article 37. & c'est en cet endroit que nous en renvoyons l'explication.

## ARTICLE XVII.

Voulons néanmoins que les Donations faites par un Contrat de mariage en faveur des Conjoints ou de leurs descendans, même par des Collatéraux ou par des étrangers, soient exceptées de la disposition de l'Article XV. ci-dessus, & que lesdites Donations faites par Contrat de mariage, puissent comprendre, tant les biens à venir, que les biens présens, en tout ou en partie, auquel cas, il sera au choix du Donataire de prendre les biens, tels qu'ils se trouveront au jour du decès du Donateur, en payant toutes les dettes & charges, même celles qui seroient postérieures à la Donation, ou de s'en ténir aux biens qui existoient dans le tems qu'elle aura été faite, en payant seulement les dettes & charges existantes audit tems.

CET Article, comme l'on voit, est une exception à ce qui est dit en l'Article XV. qu'une Donation entre-vifs, ne pourra comprendre que les biens appartenans au Donateur dans le tems de la Donation, & qui deffend de faire aucune Donation des biens présens & à venir, l'exception est pour les Donations qui se font en faveur de mariage, & qui peuvent être faites indifféremment, tant des biens à venir, que des biens présents, en tout ou en partie.

Une Donation des biens présens & à venir, laisse, ce semble, au pouvoir & en la liberté du Donateur, de rendre la Donation inutile en contractant des dettes qui épuisent son Patrimoine; car le Donataire ne peut avoir aucun droit sur les biens à venir depuis la Donation, qu'il ne paye les dettes aussi contractées depuis la Donation; mais l'Ordonnance prévient cet inconvénient, comme l'avoit dejà auparavant prévenu la Jurisprudence des Arrêts, en donnant au Donataire la liberté d'opter; c'est-à-dire, de prendre la Donation, ou du tems auquel elle a été faite, ou du tems du decès du Donateur, s'il opte le tems de la Donation, il ne contribuë point aux dettes contractées depuis, comme il ne profite pas des acquisitions faites postérieurement; s'il opte le tems du decès du Donateur; comme il profite des acquisitions, il est aussi ténu d'acquitter les dettes contractées depuis la Donation.

Il est remarquable qu'outre ces deux tems dont nous venons de parler, le tems de la Donation & le tems du decès, les Arrêts ont jugé qu'il pouvoit y en avoir encore un troisième; sçavoir, le tems de l'élection que le Donateur s'est réservée de faire en donnant. Je donne en me mariant tous mes biens, ou partie de mes biens présens & à venir, à un des enfans qui naîtront & seront procréés de mon mariage, & tel que je voudrai choisir & nommer: Je nomme dans les suites un de mes enfans pour récüeillir cette Donation; cet enfant par moi nommé pourra choisir ou le tems de la Donation, ou celui de l'élection, ou celui de mon decès: L'élection que je fais, regardée comme une Donation en faveur de celui qui est élû, parce qu'en effet elle fixe la Donation sur sa tête; & que s'il avoit été élû, il n'auroit eu qu'une portion des biens donnés, comme chacun de ses frères, ou rien du tout, si l'un de ses frères avoit été élû.

Du reste, le droit d'opter, 1°. *Actu consumitur*; c'est-à-dire, que le Donataire, après avoir une fois opté, ne peut plus varier & prendre la Donation d'un autre tems; une option même tacite, ayant à cet égard l'effet d'une option expresse, comme on peut voir par l'Arrêt que rapporte *Catellan*, *Liv.* 5. *chap.* 23. & par lequel un fils Donataire de la moitié des biens présens & à venir ayant partagé avec ses frères les fruits qui s'étoient trouvés dans l'hérédité du père lors de son decès, & les dettes actives postérieures à la Donation, fut jugé avoir tacitement opté le tems du decès, & par-là debouté de la demande qu'il faisoit de prendre la Donation du jour qu'elle avoit été faite.

Le Donataire, disons-nous, qui opte du jour du decès, profite des acquisitions faites depuis la Donation en acquittant les dettes qui ont été aussi contractées depuis; mais cette option du jour du decès peut-elle autoriser le Donataire à révoquer les aliénations faites par le Donateur dans l'intervale de la Donation au decès, j'entends les Donations des biens acquis postérieurement à la Donation? Non sans doute; le Donataire après l'option du jour du decès, est ténu de prendre les biens, tels & en l'état qu'ils se trouvent; il peut aussi peu rechercher les Acquereurs, que contester les dettes contractées par le Donateur; & c'est là un des grands argumens dont se servoient avant l'Ordonnance ceux qui croyoient nulles toutes Donations des biens à venir; Donation, disent-ils, dérisoire, qui n'a aucune consistance, & dont le Donateur peut se joüer impunément: Donation qui laisse au Donateur la liberté de disposer des biens acquis, quoique donnés sous le nom de biens à venir, *Ricard*, *Tome* 1. *pag.* 222. 3. & 5.

Ce que dit l'Ordonnance des Donations faites par

Contrat de mariage en faveur des Conjoints, a donné lieu de demander à qui des deux Conjoints, du mari ou de la femme devoit appartenir une Donation faite vaguément aux futeurs mariés, si elle appartenoit à l'un à l'exclusion de l'autre, ou si elle appartenoit à l'un & à l'autre par égales portions. Les Jurisconsultes ont bien prévû ce cas; mais ils n'ont pas crû qu'on pût le décider indépendament des circonstances & sans entrer dans les vûës, & dans l'intention du Donateur, *ipse petere poterit*, disent les Loix que l'on cite communement sur cette matière, la Loi *Fideicommissa* §. *interdùm de leg.* 3°. la Loi *Titio centum* §. *Titio genero ff. de conditionibus & demonstrationibus. Ipse petere poterit pro quo relictum est, &c. interesse arbitror cui prospectum voluit cujusque contemplatione fecerit testator, &c.*

*Valla dans son Traité de rebus dubiis, ch.* 3. *n.* 1. a tenté de fixer là-dessus quelque règle certaine; mais il l'a tenté inutilement; & cet Auteur comme les autres, est contraint d'avoüer que tout dépend des conjectures & des présomptions: Si la donation, dit-il, a été faite *contemplatione mulieris, si à patre vel cognato mulieris puto ad mulierem pertinere, idem è converso, si à patre vel cognato viri facta sit Donatio*: Il n'y a pas long-tems que cette question se présenta à juger en la Cause du sieur Ricard de Villenouvette contre les démoiselles ses sœurs, & filles du premier lit; le sieur de Corneillan avoit déclaré qu'en contemplation du mariage, il donneroit & donnoit dès-lors par donation entre-vifs & irrévocablement aux futeurs Epoux, sa Terre & Seigneurie de Villeneuve; le futur Epoux étoit parent du donateur, & il n'y en avoit pas même de plus proche que lui; mais le donateur ne le qualifioit pas tel dans la donation; la future Epouse n'étoit pas parente, mais il avoit plû au donateur de la qualifier telle: par-là & à faire dépendre la chose de la parenté, le futur Epoux avoit pour lui l'avantage de

la

la vérité sur l'opinion & l'erreur ; & toutes les clauses de l'Acte ne permettoient pas d'ailleurs de douter que ce ne fût à lui & à sa considération que la Terre avoit été donnée ; cependant par Arrêt du mois d'Août 1729. rendu après partage, porté de la seconde à la troisième Chambre des Enquêtes, Mr. Projen Rapporteur & Mr. Larroque Compartiteur, la donation fut declarée appartenir au mari & à la femme par égales portions ; le donateur avoit dit qu'il donnoit aux futurs Epoux ; & suivant la première idée qui se présentoit, la donation étoit faite également à l'un & à l'autre ; les Juges saisirent cette première idée, & ne voulurent rien donner aux présomptions.

L'un des Conjoints peut-il dans le Contrat de mariage faire une donation entre vifs en faveur de l'autre ? Il le peut sans difficulté, & jusques-là qu'il a été jugé par un Arrêt assés récent, que les biens donnés ne faisoient point retour par le prédecès du donataire au donateur, ou à la donatrice survivante : cet Arrêt rendu dans le mois de Juillet 1730. après deux Partages portés de la Grand'Chambre, & de la première des Enquêtes à la seconde, Mr. Bastard Rapporteur, Mr. Capella Compartiteur : *La Loi 5. Si Sponsus, ff. de Donat. inter virum & uxor. & la Loi première, Cod. de Donat.* autorisent toute sorte de donations faites par un fiancé à sa fiancée, & par une fiancée à son fiancé ; mais leur décision doit être restreinte dans l'usage aux donations faites par le Contrat même de mariage ; celles qui sont faites après, regardées comme des contre-lettres, & comme telles, déclarées nulles, suivant la disposition de *l'Art. 258. de la Coûtume de Paris*, qui a été adoptée par tous les Tribunaux du Royaume ; il faut croire que la donation dont parle *Cambolas, Liv. 4. Ch. 31.* de la part d'un fiancé en faveur de sa fiancée ; & qui fut, dit cet Auteur, declarée valable, parceque le donateur étoit mort sans la révoquer, avoit été faite dans l'intervale du Contrat à la célébration du mariage ; car autrement elle n'auroit eu nul besoin d'être confirmée par la mort; on peut voir là-dessus les Arrêts rapportés par *Loüet*, *lettre D. chap.* 28. *& par Leprêtre*, *page* 315.

## ARTICLE XVIII.

Entendons pareillement que les Donations des biens présens, faites à condition de payer indistinctement toutes les dettes & charges de la succession du Donateur, même les légitimes indépendament ou sous d'autres conditions, dont l'exécution dependroit de la volonté du Donateur, puissent avoir lieu dans les Contrats de mariage en faveur des Conjoints, ou de leurs descendans, par quelques personnes que lesdites Donations soient faites, & que le Donataire soit ténu d'accomplir les conditions, s'il n'aime mieux rénoncer à ladite Donation; & en cas que ledit Donateur par Contrat de mariage, se soit réservé la liberté de disposer d'un effèt compris dans la Donation de ses biens présens, ou d'une somme fixe, à prendre sur lesdits biens; voulons que s'il meurt sans en avoir disposé, ledit effèt ou ladite somme appartiennent au Donataire ou à ses Héritiers, & soient censés compris dans ladite Donation.

L'Article qui précéde est, comme nous avons vû, une exception à la prohibition que fait l'Article XV. des donations des biens présens & à venir, & celui-ci est pareillement une exception à la prohibition que fait l'Article XVI. de charger les donataires des biens présens du payement des dettes ou charges non existantes lors de la donation, ou de lui imposer des conditions, dont l'exécution dépend de la seule volonté du donateur. Toutes les régles cédent à la faveur des Contrats de mariage ; on peut pour une cause aussi favorable donner généralement tous ses biens présens & à venir, & le donateur peut imposer à la donation qu'il fait de ses biens présens, telles conditions que bon lui semble.

Ces trois conditions imposées à la donation pourroient être telles qu'elles rendroient la donation onéreuse par l'insuffisance des biens donnés, & c'est ce que l'Ordonnance prévoit, en laissant au donataire la liberté de rénoncer en tout tems à la donation, nous l'avons dit ailleurs ; il est essentiellement de de la nature d'une donation regardée comme un bienfait & une libéralité de la part du donateur, de ne pouvoir jamais être onéreuse au donataire, & de n'obliger par conséquent le donataire qu'à concurrence de la valeur des choses données, sans distinguer si le donataire a fait inventaire ou non, & si la donation est universelle, ou d'une partie des biens, *Faber en son Code*, *Liv.* 8. *Tit.* 37. *def.* 8. a été d'un avis contraire ; il a cru qu'un donataire ne pouvoit se dispenser d'acquitter les charges ausquelles il s'étoit assujetti, quoique excédant la valeur des choses données comme devant s'imputer *cur res donatas tanti æstimaverit* ; *Catellan* l'a cru de même *au Liv.* 5. *Chap.* 24. *ou* 14. mais ces Auteurs se sont trompés. Depuis qu'ils ont écrit, il a été rendu nombre d'Arrêts conformes à ce que nous disons, & indépendament des préjugés. C'est chose dont l'Article que nous expliquons ne permettoit plus de douter.

Dans le cas que propose ici l'Ordonnance, ainsi que dans le cas proposé en l'Article XVI. le donateur qui s'est reservé la liberté de disposer d'un effèt compris dans la Donation, ou d'une somme fixe, à prendre sur les biens donnés, peut disposer comme bon lui semble, de la somme ou de l'effèt reservé; la chose est sans difficulté: mais pourquoi dans le cas de l'Article XVI. l'effèt reservé doit-il, en défaut de disposition, appartenir aux héritiers du Donateur? Et pourquoi dans le cas de l'Article que nous expliquons, l'effèt reservé doit-il aussi, en défaut de disposition, appartenir au Donataire? Dans les règles, comme nous avons vû en expliquant l'Article XV. l'effèt reservé doit appartenir aux héritiers du Donateur, parceque, comme il est dit en la *Loi*. 4. *Cod. de contrah. & committend. stipulatione: ea quæ stipulata est cùm moreretur, partem dimidiam dotis cui velit relinquere: reddi sibi cùm moreretur, eam partem dotis stipulata videtur.*

Sur quoi peut être donc fondée l'exception que propose ici l'Ordonnance en faveur du Donataire? On peut repondre, si je ne me trompe, & on le peut avec d'autant plus de confiance, que Mr. le Chancelier en sa réponse aux rémontrances de Mrs. du Parlement, semble lui-même l'avoir ainsi entendu, que l'Article que nous expliquons est dans le cas de la donation d'une quotte des biens, faite en faveur de mariage, au lieu que l'Article XVI. est dans le cas de la Donation faite autrement que *per modum quottæ*, & faite aussi autrement que par Contrat & en faveur de mariage.

Lorsque la Donation est d'une quotte des biens, & qu'elle est faite en faveur de mariage, la somme ou l'effèt dont le Donateur s'est reservé de disposer, se trouve, pour ainsi dire, compris dans la Donation, toutes les fois que le Donateur ne l'en a pas ôté par la disposition qu'il est le maître de faire; on peut dire du Donateur, que n'usant pas de la faculté reservée, *dedit dùm non ad mit*; & on peut dire encore que la reservation tombe moins sur la somme ou sur l'effèt reservé, que sur la faculté même d'en disposer, laquelle, par l'inexécution, demeure absolument inutile ; au lieu que la Donation n'étant pas d'une quotte des biens, l'effèt reservé ne peut être réuni aux biens donnés, parmi lesquels il n'a jamais été compris, & dont il ne fait point partie, ou qu'étant d'une quotte des biens, mais faite autrement qu'en faveur & en Contrat de mariage; le défaut de la tradition est un obstacle à la réünion : la faveur du mariage pouvant seule faire passer par dessus la règle, *donner & retenir, ne vaut.*

Nous trouvons dans le premier Tome du *Journal du Palais, pag. 931.* un Arrêt du Parlement de Paris, qui suivant les principes sur lesquels l'Ordonnance est fondée, jugea en faveur du Donataire contractuel, que la somme de 20000. liv. dont le Donateur s'étoit reservé la liberté de disposer, devoit, en défaut de disposition, appartenir aux héritiers du Donateur, à l'exclusion du Donataire.

Pour une plus grande intelligence de ce que nous venons de dire, nous allons proposer trois cas, qui par l'application que nous leur ferons de la décision contenuë en l'Article XVI., & de celle contenuë en l'Article que nous expliquons, nous ferons, si je ne me trompe, entrer dans l'esprit & le véritable sens de l'Ordonnance.

Pierre fait Donation par Contrat de mariage, d'une Terre en faveur de Jean, & se reserve la liberté de disposer de partie de cette Terre, ou d'une somme à prendre sur l'effèt donné, avec clause même, si l'on veut, qu'en défaut d'autre disposition, l'effèt ou la somme reservée appartiendra au Donataire.

Pierre donne ses biens, ou partie de ses biens, par manière de quotte, en faveur de Jean, mais autrement que par Contrat de mariage, & se reservant de disposer d'une somme ou d'un effèt compris dans la Donation.

Pierre fait Donation à Jean par Contrat & en faveur de mariage, de ses biens, ou d'une partie de ses biens, par manière de quotte, en se reservant, comme dessus, la liberté de diſpoſer de certain effet ou d'une ſomme fixe, à prendre ſur les biens donnés.

C'eſt à ce dernier cas ſeulement que nous croyons devoir être appliquée la décision de l'Article que nous expliquons, parceque nous y trouvons les deux conditions néceſſaires, pour que l'effet ou la ſomme reſervée appartienne au Donataire, en défaut de diſpoſition de la part du Donateur, Donation d'une quotte des biens & Donation faite par Contrat de mariage & en faveur de mariage.

Dans le premier cas, nous trouvons il eſt vrai, une Donation faite en faveur de mariage; mais nous n'y trouvons que la Donation d'une Terre, d'un Fonds: & la faveur de mariage ne peut faire réünir aux biens donnés, en la perſonne du Donataire, ce qui a été reſervé lors de la Donation, & dont à proprement parler, il n'a jamais fait partie.

Dans le ſecond cas, nous trouvons la Donation d'une quotte des biens; mais la Donation n'eſt point faite en faveur de mariage qui puiſſe couvrir le moyen de nullité, pris du défaut de tradition, & faire paſſer par-deſſus la regle, *donner & retenir, ne vaut.*

A l'un & à l'autre de ces deux derniers cas, nous croyons devoir être appliquée la décision de l'Article XVI. qui declare l'effet ou la ſomme dont le Donateur s'eſt reſervé la liberté de diſpoſer, appartenir aux héritiers du Donateur.

On ne prend rien ſur ſoi en interprétant ainſi l'Ordonnance dans les deux derniers cas que nous avons propoſés, parceque le texte eſt formel & précis: l'Article XVI. qui declare l'effet reſervé appartenir aux héritiers du Donateur, ſuppoſant ſans difficulté une Donation faite autrement qu'en faveur de mariage, comme l'Article que nous expliquons ſuppoſe auſſi ſans difficulté une Donation contractuelle; mais quoique le Texte ne nous conduiſe pas auſſi ſûrement à la décision du premier cas, j'entends du cas où la Donation eſt d'un effet certain, & non pas d'une quotte des biens, quoique d'ailleurs faite par Contrat & en faveur de mariage;

nous croyons néanmoins avoir pour garants de nôtre interprétation, 1°. Les termes dans lesquels est conçû cet Article, & qui ne permettent pas de douter, qu'afin que l'effêt ou la somme, dont le Donateur s'est reservé la liberté de disposer, soit acquise au Donataire; il faut, suivant l'esprit de l'Ordonnance, que les deux choses concourent: je veux dire que la Donation soit d'une quotte des biens, & qu'elle soit faite en faveur de mariage. 2°. L'Arrêt du Parlement de Paris que nous avons cité, & qui adjugea la somme ou l'effêt reservé aux héritiers du Donateur, à l'exclusion du Donataire contractuel, de certains immeubles. 3°. L'autorité de *Mr. Ricard* qui en rapporte l'Arrêt dont nous venons de parler, *Tom.* 1. *pag.* 581. ne croit pas possible la réünion de l'effêt reservé aux biens donnés, non seulement lorsque la Donation n'est pas d'une quotte des biens, mais lors même qu'elle n'est pas de l'universalité des biens présens & à venir. 4°. Et à cette dernière raison, il ne peut y avoir de réplique, c'est que, comme nous l'avons dejà dit, Mr. le Chancelier dans sa Lettre à Messieurs du Parlement, s'explique de manière à insinuer qu'on ne peut l'entendre autrement.

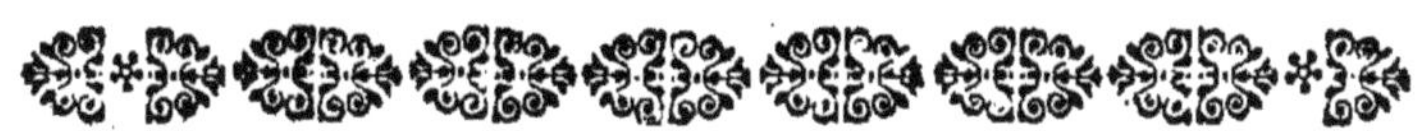

## ARTICLE XIX.

**Les Donations faites dans les Contrats de mariage en ligne directe, ne seront pas sujettes à la formalité de l'Insinuation.**

L'Insinuation est une précaution sagement introduite par le Droit & par les Ordonnances, pour rendre les Donations publiques & connuës à tous ceux qui contractent ou veulent contracter avec les Donateurs.

L'Ordonnance de 1539. Article 152. en assujettissant à l'Insinuation toute sorte de Donations, n'exceptoit point les Donations faites par Contrats & en faveur de mariage, mais elle ne les comprenoit pas aussi nommément dans sa disposition; & c'est à quoi il fut suppléé par l'Ordonnance de Moulins, laquelle en l'Article LVIII. s'explique en ces termes: " Et pour ôter à l'avenir toutes occasions de „ fraude & de doute qui pourroient être mûs entre nos „ Sujèts pour l'Insinuation des Donations qui seront ci-„ après faites, avons ordonné que doréſnavant toutes Do-„ nations faites entre-vifs, mutuelles, réciproques, oné-„ reuses, ou en faveur de mariage, & autres de quelque „ forme & qualité qu'elles soient, faites entre-vifs, comme „ dit est, seront insinuées „

Malgré cette dernière Ordonnance, on ne laissoit pas de juger au Parlement de Toulouse, que les Donations faites pour constitution de Dot, n'avoient aucun bésoin d'être insinuées, sans distinguer si la Donation pour cause de Dot, étoit d'une somme ou d'une quotte des biens; mais on ne portoit pas la chose plus loin: La faveur du mariage n'affranchissoit aucune autre Donation de la loi de l'Insinuation; la Donation que faisoit un père à son fils y étoit aussi assujettie que les Donations faites par des personnes étrangères. *Catellan*, *Liv.* 5. *Ch.* 9. *pag.* 227. *d'Olive*, *Liv.* 5. *Ch.* 1.

On jugeoit de même au Parlement de Paris pour ce qui regarde les constitutions de Dot; & on peut voir là-dessus un Arrêt remarquable dans le premier Tome du *Journal du Palais*, *page* 665. rendu en faveur d'une fille à qui son père, en la mariant, avoit constitué la moitié de tous & chacuns ses biens; remarquable, disons-nous, en ce qu'il n'eut point égard à la demande subsidiaire que faisoient les Créanciers qui avoient contracté depuis le mariage, que la Dot fut réduite à leur profit, *ad legitimum modum*; c'est-à-dire, à la portion des biens que le

père

père pouvoit & devoit donner pour constitution de Dot, suivant ses conditions & ses facultés ; mais le Parlement de Paris faisoit encore quelque chose de plus ; car il jugeoit qu'on ne devoit point faire sur cette matière de différence entre la Donation faite à une fille pour constitution de Dot, & la Donation faite par un père à son fils pour cause de mariage : Et on trouve en effet dans le même Tome du *Journal du Palais*, *page* 428. un Arrêt rendu en faveur de Mr. de Laroche Foulcaut, à qui son père, en le mariant, avoit fait Donation de 20000. liv. de rente, contre les Créanciers ou Tiers-Possesseurs qui avoient acquis ou contracté depuis la Donation, & qui opposoient le défaut de l'Insinuation.

Je ne sçai si ce dernier Arrêt étoit connu de *Ricard*; mais quoiqu'il en soit, il faut bien que de son tems la Jurisprudence ne fût pas encore fixée sur ce Point, puis qu'en *la page* 251. *du premier Tome*, *n°*. 1118. cet Auteur, après avoir tout examiné & discuté de part & d'autre, s'explique en ces termes: " Ce combat, dit-il, de raison demanderoit un Préjugé solemnel pour déterminer „ la question, si les Donations faites en faveur de mariage par les pères à leurs enfans, sont exemptes d'Insinuation. „ Voici quelque chose de plus solemnel que des Préjugés. Une Loi claire & précise qui affranchit de l'Insinuation toutes Donations contractuelles en ligne directe, & qui comprend dans sa disposition les Donations faites non-seulement par les père & mère, mais encore par tous les autres ascendans.

Il faut convenir qu'on ne peut porter plus loin la faveur des Contrats de mariage & des Donations contractuelles ; car quoiqu'on ne puisse regarder comme pure libéralité la Donation que font les pères & les mères à leurs enfans en les mariant, qu'on ne puisse la regarder comme pure libéralité, ni de la part de celui qui la reçoit, parceque c'est toujours à ce titre onéreux de supporter les charges

M

du mariage, ni de la part de celui qui l'a faite; parce qu'un devoir essentiel aux pères & aux mères, est celui de pourvoir à l'établissement de leurs enfans; *neque enim*, dit la Loi dernière, *de dotis promissione, Cod. Leges incognitæ sunt quibus cautum est paternum esse officium, dotem, vel antè nuptias Donationem pro sua dare progenie.*

On comprend bien que toutes ces raisons, outre qu'elles ne concluroient rien pour les ascendans, autres que les pères & les mères, ne concluroient pas d'ailleurs pour une Donation de la totalité des biens; quoiqu'il en soit, on doit apprendre de cet Article, à ne contracter & n'acquerir qu'après s'être informé si celui avec qui l'on contracte, ou de qui on veut acquerir, n'a point quelqu'un de ses descendans mariés, & de suspendre tout engagement jusqu'à ce qu'on ait vû le Contrat de mariage, & qu'on en aye examiné toutes les clauses.

Du reste, cet Article parle si vaguément & si généralement de toutes Donations faites dans les Contrats de mariage en ligne directe, qu'on pourroit douter s'il ne comprend point dans sa disposition les Donations même contenant substitutions, au profit des descendans du Donateur & du Donataire : mais l'Ordonnance de Moulins Article LVII. & plus précisement encore les Déclarations du mois de Novembre *1690.* & Janvier 1712. assujettissant toutes substitutions contractuelles à la nécessité d'être insinuées & publiées encore en Jugement, l'Audience tenant; il seroit à mon avis dangéreux de suivre cette interprétation, & de suppléer dans l'Ordonnance une dérogation qu'elle ne fait point aux Loix antérieures, sur tout lorsque l'Ordonnance peut être entenduë & expliquée, sans donner atteinte à ses Loix antérieures, en restraignant sa disposition aux Donations qui se bornent à la personne du Donataire.

Par la raison que l'Ordonnance déclare les Donations contractuelles en ligne directe n'être sujettes à l'insinuation, je crois qu'on ne fairoit plus aujourd'hui de difficulté à déclarer valables sans Insinuation, la constitution d'un Titre Clerical, que feroit un père à son fils, & sur la foi duquel, le fils auroit été promû aux Ordres; cette Promotion regardée comme un mariage spirituel avec l'Eglise, & le Titre Clérical comme une Dot : Je dis qu'on n'y feroit plus aujourd'hui de difficulté; parce qu'en effèt, nous trouvons cette question différemment jugée par les Arrêts rapportés dans le *premier Tome du Journal des Audiences, page* 443. & par ceux que rapporte *Brodeau sur Loüet, Lettre D. Chap.* 55. *n°.* 5. Il est vrai que dans l'espéce de ces derniers, qui eurent égard au défaut d'Insinuation, le Titre Clérical avoit été constitué par autre que par un ascendant.

## ARTICLE XX.

**Toutes les autres Donations, même les Donations rémunératoires ou mutuelles, quand même elles seroient entièrement égales, ou celles qui seroient faites à la charge de services & de fondations, seront insinuées, suivant la disposition des Ordonnances, à peine de nullité.**

L'Ordonnance de 1539. Article 132. qui est la prémière Loi du Royaume qui ait prescrit la formalité de l'Insinuation, parle vaguément de toutes Donations, sans entrer dans le détail de leur nature & de leur qualité; mais la Déclaration donnée sur cette Ordonnance au mois de Février 1549. veut & entend, que sous le nom de Donation, soient comprises & sujettes à l'Insinuation les

Donations faites entre-vifs, bien qu'elles soient simples ou rémunératoires, ou autrement causées, & plus précisement encore l'Ordonnance de Moulins, lors qu'elle dit en l'Article LVIII. " Et pour ôter à l'avenir toutes occasions de „ fraudes & de doutes qui pourroient être mûs entre nos „ Sujets pour l'Insinuation des Donations qui seront ci- „ après faites, avons ordonné, que doresnavant toutes Do- „ nations faites entre-vifs, mutuelles, réciproques, oné- „ reuses en faveur de mariage, & autres de quelle forme „ & qualité qu'elles soient, seront insinuées, &c. „

Cet Article, comme l'on voit, ne fait autre changement, sinon, qu'en parlant des Donations mutuelles, il ajoûte; quand même elles seroient entiérement égales: on a cru devoir ajoûter cette clause; parce qu'en effet, & malgré la disposition de l'Ordonnance de Moulins, l'égalité dans la Donation faisoit douter si l'Insinuation étoit nécessaire, comme on peut voir par la Dissertation que fait là-dessus *Mr. Ricard, Tome 2. Traité du Don mutuel, Chap.* 14. ce n'est guère que dans les Païs Coûtumiers, & entre Conjoints, que l'on connoît l'usage de ces dons ou Donations mutuelles, assujetties aussi à l'Insinuation par l'Article 284. de la Coûtume de Paris.

Malgré la Déclaration de 1549. qui assujettissoit, ainsi que cet Article, les Donations, même rémunératoires, à la nécessité de l'Insinuation, on ne laissoit pas de juger la Donation valable, quoique non insinuée, s'il y avoit preuve de services rendus, & que ces services fussent d'ailleurs tels ou de telle nature, que le Donataire eût action contre le Donateur; & je suis persuadé qu'on le jugeroit encore aujourd'hui, parce qu'en effet un Acte par lequel on donne en payement des services, à raison desquels, celui qui les a rendus, auroit une action. ne peut être que trés-improprement qualifiée Donation: *dixi posse deffendi*, dit la Loi *Aquilius* 27. *ff. de Donat. non meram Donationem esse, verùm officium Magistri quâdam mercede remuneratum*: c'est une espèce de vente ou un bail en payement : *Donatio in solutum quæ instar venditionis*, & suivant l'expression de la Loi *& si L. 25. §. Consul. 8. ff. de petitione hereditatis*, *veluti genus quoddam permutationis*.

J'ai dit, pourveu qu'il y eût preuve de services rendus ; parce qu'il ne faudroit compter pour rien l'énonciation des services vague & indeterminée, qui seroit faite dans l'Acte de Donation : les Arrêts rapportés par *d'Olive*, *Liv.* 4. *Chap.* 7. & par *Catellan*, *Liv.* 4. *pag.* 99. ont jugé qu'une énonciation aussi vaguément faite, n'empêchoit pas que la Donation ne pût être révoquée, soit par l'ingratitude du Donataire, soit par la survenance des enfans du Donateur ; & par la même raison aussi l'on jugeroit sans difficulté l'Insinuation nécessaire. J'ai ajoûté que les services devoient être tels que le Donataire eût action contre le Donateur, parceque ce ne seroit en effet qu'à raison de cette Donation, ou à concurrence de la valeur des services qu'on pourroit faire subsister la Donation, quoique non insinuée, la Donation en ce qui excèderoit, sujette à la Loi commune de toutes les Donations.

Cet Article ne parle point des Donations onéreuses, comme en avoit parlé la Déclaration de 1549. & l'Article LVIII. de l'Ordonnance de Moulins : mais on peut appliquer aux Donations onéreuses ce que nous venons de dire des Donations rémunèratoires : Je donne, par exemple, un fonds de la valeur de 3000. liv. à la charge par le Donataire de payer pareille somme de 3000. liv. à ma libération ; ce n'est, comme l'on voit, rien moins qu'une libéralité ; c'est une espèce de Contrat sans nom, *do ut des* ; & ce n'est qu'en ce qui excèderoit la charge, que la Donation pourroit être attaquée par défaut d'Insinuation.

Le Droit Romain n'assujettissoit point à l'Insinuation les Donations faites en faveur de la cause pie, & celles-là surtout, qui étoient faites pour la rédemption des Captifs ; *Leg. si quis pro redemptione*, *Cod. de Donat.* mais l'Ordonnance, bien loin de les excepter, les comprend nommément dans sa disposition; ainsi il ne peut plus y avoir là-dessus de difficulté; je voudrois, dit *Ricard*, *Tome premier*, *pag.* 264. excepter, du moins à l'égard des héritiers du Donateur, les Donations faites aux Hôpitaux ou aux Eglises, pour cause de fondation, avec charge, lorsqu'elles ne sont pas excessives, les héritiers ayant mauvaise grace de contester ce que le Défunt a donné par un mouvement de pieté, afin de faire prier Dieu pour lui & racheter les peines de ses fautes; mais encore une fois, la Loi est précise, & la faveur de l'Eglise ne sçauroit prévaloir; on peut voir dans le 4. Tome *du Journal des Audiences*, nombre d'autorités qui auroient pû servir, avant cette Ordonnance, à affranchir de l'Insinuation les Donations, à la charge de services & de fondations, mais qui ne peuvent aujourd'hui être d'aucun usage.

L'Ordonnance déclare nulles toutes les Donations non insinuées, mais entend-elle parler d'une nullité absoluë & telle qui puisse être opposée par les héritiers du Donateur & par le Donateur lui-même, ou d'une nullité seulement rélative, & telle qui ne puisse être opposée que par des tiers intéressés, les Créanciers, par exemple, les tiers-Acquéreurs qui ont contracté ou acquis depuis la Donation? C'est ce que nous verrons en expliquant les Articles suivans.

## ARTICLE XXI.

**Ladite peine de nullité n'aura pas lieu néanmoins à l'égard des dons mobiles, augmens, contre-augmens, engagemens, droits de rétention, agencemens, gains de Nôces & de survie, dans les Païs où ils sont en usage; à l'égard de toutes lesquelles stipulations ou conventions, à quelque somme ou valeur qu'elles puissent monter, notre Déclaration du 25. Juin sera exécutée suivant sa forme & téneur.**

DOns mobils, augmens, contre-augmens, gains de survie, toutes ces expressions sont synonimes; elles repondent à cette espèce de libéralité connuë dans le Droit, sous le nom de Donation, *propter nuptias*, du moins trouvons-nous que tout ce qui est décidé dans le droit de la Donation, *propter nuptias*, la Jurisprudence l'a appliqué à l'augment.

Il est décidé, par exemple, dans le Droit, que la femme, par le prédecès de son mari, (& tout ce que nons disons de la femme survivante à son mari, doit être appliqué au mari survivant à la femme, ) il est décidé que la femme, par le prédecès de son mari, & lorsqu'il y a des enfans du mariage, ne gagne en propriété de la Donation à cause de nôces, qu'une partie seulement & autant que chacun des enfans, & on juge de même à l'égard de l'augment, que la femme n'en gagne qu'une portion virile, *Nov.* 127. *Chap.* 3. *Catellan*, *Liv.* 4. *Chap.* 54.

Il est décidé dans le Droit que la femme peut disposer de cette portion de la Donation, à cause de nôces qu'elle acquiert en proprieté. *Nov.* 22. *Chap.* 29. mais qu'elle le doit faire expressement, sans quoi elle demeure acquise aux enfans par un préciput honorable, *honore præcipuo*, & on juge de même que la portion virile de l'augment, acquise par la femme, n'est point comprise dans l'Obligation, Vente, Donation, ou toute autre Disposition que la femme fait de ses biens, qu'elle n'est pas même comprise dans l'institution héréditaire, & qu'il faut en un mot, une disposition expresse, sans quoi les enfans hèritiers ou non hèritiers en portions égales ou inégales, la partagent également, *d'Olive*, *Liv.* 3. *Chap.* 19.

Il est enfin décidé dans le Droit, qu'une mère ayant des enfans de deux différens lits, ceux du premier lit ne concourent point avec ceux du second, pour recueillir cette portion de la Donation à cause de nôce que la mère a gagné par le prédecès de son second mari; & on juge de même que les enfans du premier & du second lit, succédant à leur mère commune, la portion virile que la mère a gagné par le prédecès de son second mari, & qu'elle a gagné en proprieté, parce qu'on suppose qu'elle n'a pas convolé à de troisièmes nôces, appartient uniquement aux enfans du second lit; *d'Olive*, *pag.* 468. Dans le Procès qui fut jugé au mois de Juillet 1731. au rapport de Mr. de Cambon, en faveur du sieur Comte de Boissiére, contre le sieur Marquis de Boissiére son oncle, on agita cette question, sçavoir, si un fils institué héritier par sa mère & nommé par le Testament pour recueillir la portion virile, acquise en propriété à la Testatrice, pouvoit en repudiant l'hérédité, retenir cette portion virile, & il fut jugé qu'il le pouvoit; nous en avons dit la raison, c'est que la virile n'est point comprise dans l'institution héréditaire, & que le fils la retient, non en qualité d'héritier, mais comme expressement nommé pour la recueillir; un fils pourroit être héritier, sans avoir aucun droit sur la virile, & il faut aussi que ce fils puisse retenir la virile,

indépendament

indépendamment de la qualité d'héritier ; c'est-à-dire ; qu'il puisse répudier la qualité d'héritier , sans rénoncer à la nomination faite de sa personne pour récuëillir la virile.

L'Ordonnance, en exceptant de la règle générale , l'augment, contr'augment , &c. ne fait que se conformer à la disposition du Droit en l'Authent. *Eò decursum, Cod. de Donat. antè nuptias. Eò decursum est ut sponsalitia largitas specialis sit contractus , nec insinuationem desideret* ; mais il faut prendre garde que l'exception ne tombe que sur ce genre de libéralité , *cùm specialis sit contractus* , & que toute autre Donation que feroit un mari dans ce Contrat de mariage en faveur de sa femme, ou une femme en faveur de son mari, ne seroit point dans le cas ; l'Ordonnance ne fixe point la somme, à concurrence de laquelle, il est permis de donner à titre d'augment ou contr'augment ; à quelques sommes, dit-elle, ou valeur qu'elles puissent monter : mais enfin, il faut que la Donation soit faite à titre de convention réciproque ; sans quoi, elle pourroit sans difficulté être attaquée par le défaut d'insinuation ; l'inégalité de l'âge ou de la qualité des Parties, peut servir & sert ordinairement de prétexte à rendre dans ces sortes de conventions , plus avantageuse la condition ou qualité du mari & de la femme , & ajoûter en faveur de l'un ou de l'autre, à ce qui se trouve établi par l'usage, ou par la coûtume.

Il est remarquable que cet Article, en parlant des augmens ou contre augmens, &c. ne dit point qu'ils ne seront pas sujèts à la formalité de l'insinuation , ainsi que ledit Article XIX. en parlant des Donations faites dans les Contrats de mariage en ligne directe ; il veut seulement que ces sortes de conventions ne puissent être déclarées nulles, comme pour n'avoir été insinuées ; quoiqu'au surplus l'insinuation en doive être faite , du moins au Greffe des Insinuations Laïques, sous les peines portées par les précédens Edits & Déclarations, & notament par la Déclaration du 25. Janvier 1729.

# ARTICLE XXII.

**L'exception portée par l'Article précédent & par ladite Déclaration, aura pareillement lieu à l'égard des Donations des choſes mobiliaires, quand il y aura tradition réelle ; ou quand elles n'excèderont pas la ſomme de mille livres une fois payée.**

AVant cette Ordonnance, il y avoit diverſité d'Avis ſur la néceſſité ou inutilité de l'Inſinuation dans les Donations des Effèts mobiliaires : les uns croyant l'Inſinuation néceſſaire, parce qu'en effèt le Droit ne diſtingue point ſur cette matière, les meubles d'avec les immeubles ; les autres croyoient l'Inſinuation inutile, fondés, diſoient-ils, ſur les termes de la Déclaration de 1549. & de l'Ordonnance de Moulins, qui parlent de l'Inſinuation au Greffe des Sièges Royaux des Lieux où les choſes données ſont aſſiſes ; ce qui ne peut convenir à des effèts mobiliaires, *qui loco carent*, *qui ſitum non habent* ; & des autres enfin croyoient l'Inſinuation néceſſaire ; mais dans le cas ſeulement où la Donation étoit de l'univerſalité des meubles, & non point lors qu'elle étoit de quelques meubles particuliers. Cet Article, comme l'on voit, concilie tous ces differens Avis, en déclarant valables les Donations des choſes mobiliaires, quoique non inſinuées, lorſqu'elles ſont accompagnées d'une Tradition réelle, & nulles par conſéquent en tous autres cas.

En eſt-il de la Donation d'une certaine ſomme comme de la Donation des effèts mobiliaires ? Je ne doute pas qu'il n'en doive être abſolument de même ; c'eſt-à-dire, que la Donation ne soit valable malgré le défaut d'Insinuation, s'il y a tradition réelle; & que la Donation ne soit nulle dans le cas contraire : *si quid*, dit la Loi unique, *Cod. de suffragio, in auro, vel argento, vel cæteris rebus mobilibus datum fuerit : traditio sola sufficiet, & contractus habebit perpetuam firmitatem.* Une somme d'argent réellement délivrée, n'a pas plus de suite que tout autre effêt mobiliaire; mais lorsque la Donation se fait sans Tradition réelle, on peut dire qu'elle ne différe pas de la Donation des immeubles, soit parce que le Donataire à qui la somme donnée n'est pas pareillement délivrée, acquiert une action sur les immeubles, qui par la Donation lui sont affectés & hypotéqués; soit parce qu'il importe peu aux Créanciers que les immeubles de leur Débiteur leur échapent par la Donation qui en auroit été faite, ou par les hypotéques ausquelles ils auroient été assujettis envers le Donataire. Voyez *Loüet & Brodeau*, *Lettre D. chap. 24. Cambolas*, *Liv. 2. chap. 20. Journal des Audiences*, *Tome 1. page 60.*

Par le Droit Romain, les donations jusques & à concurrence de cinq cens écus, étoient valables sans Insinuation. *Constitutio nostra*, dit Justinien, *inst. de Donat.* §. 2. *eam quantitatem usque ad quingentos solidos ampliavit, quam stare etiàm sine insinuatione statuit.* L'Article que nous expliquons réduit la chose à mille livres; en sorte que la donation, en ce qui excèderoit cette somme, ne pourroit être valable qu'autant qu'elle se trouveroit dûëment insinuée.

Je comprends bien que cet Article, dans les termes qu'il est conçû, pourroit être interprêté, de manière qu'en restreignant sa disposition aux donations des choses mobiliaires réellement délivrées, la donation d'une somme d'argent, ne fût valable sans Insinuation, lors même qu'il y auroit tradition réelle, qu'à concurrence de la somme de mille livres; mais je ne puis croire que s'il avoit plû au

Roi de faire ſur cette matiére une différence entre les effèts mobiliaires & une ſomme d'argent, de faire une différence inconnuë dans le Droit, & qu'on n'avoit fait juſques ici dans aucun Parlement du Royaume, il ne l'eût plus expreſſement marqué.

## ARTICLE XXIII.

Dans tous les cas où l'Insinuation est nécessaire, à peine de nullité, les Donations d'immeubles réels, ou de ceux qui sans être réels, ont une assiette selon les Loix, Coûtumes, ou Usages des Lieux, & ne suivent pas la personne du Donateur, seront insinuées, sous ladite peine de nullité, aux Greffes des Bailliages ou Senéchaussées Royales, ou autre Siège Royal, ressortissant nuëment en nos Cours, tant du domicile du Donateur, que du lieu dans lequel les biens donnés sont situés ou ont leur assiette; & à l'égard des Donations des choses mobiliaires, même des immobiliaires, qui n'ont point d'assiette & suivent la personne, l'Insinuation s'en fera seulement au Greffe du Bailliage ou Senéchaussée Royale, ou autre Siège Royal, ressortissant nuëment en nos Cours du domicile du Donateur. Défendons de faire aucunes Insinuations dans d'autres Jurisdictions Royales, ou dans les Justices Seigneuriales, même dans celles des Pairies; & en cas que le Donateur y ait son domicile, ou que les biens donnés y soient situés, l'Insinuation sera faite au Greffe du Siège qui a la connoissance de ces cas Royaux

**dans le Lieu dudit domicile ou de la situation des biens donnés, le tout à peine de nullité.**

L'Ordonnance de 1539. Article 132. parlant vaguément de l'Insinuation des donations ès Cours & Jurisdictions ordinaires des Parties des choses données, laissoit deux sujèts de contestation, l'un entre les Juges des Seigneurs & les Officiers Royaux, & l'autre entre les premiers Juges Royaux, & les Baillifs & les Senéchaux ; ceux-ci prétendant en conséquence de l'Edit de Cremieux, qu'on ne pouvoit du moins insinuer ailleurs que dans leurs Greffes, les donations faites entre des personnes nobles ou d'héritages nobles; la Déclaration de 1549. décida la premiere de ces contestations en faveur des Officiers Royaux, contre les Juges des Seigneurs ; & l'Ordonnance de Loüis XIII. du 17. Décembre 1612. décida la deuxiéme en faveur des premiers Juges Royaux, contre les Senéchaux, sans distinction des personnes & des biens, sauf toutefois pour les Villes dans lesquelles il y auroit Siège de Prévôt, Viguier, ou autres Jurisdictions inférieures, & pareillement un Siège, Bailliage, ou Senéchal, dans lesquelles les Parties auroient la liberté d'insinuer indifféramment en l'une ou en l'autre des Jurisdictions; " „ Voulons que dorèsnavant ès Villes ausquelles il y aura „ Siège de Prévôt, Chatelain ou autre Jurisdiction inférieure, & pareillement Siège de Bailliage & Senéchaussée, „ les Insinuations soient faites ès Greffes desdits Bailliages „ & Senéchaussées ou Prévôté étant en même Ville, & „ aux Villes & Lieux où il n'y a que Prévôté ou Châtelainie, ou autre Justice ordinaire, feront les Insinuations „ faites aux Greffes d'icelles, sans qu'elles puissent valablement se faire aux Greffes des Bailliages & Senéchaussées où ressortissent les appellations desdites Prévôtés & Châtelainies. „ Malgré une disposition si formelle ; on ne laissoit pas de juger dans divers Parlemens du Royaume, du nombre desquels étoit le Parlement de Toulouse, comme nous l'apprenons par *d'Olive*, *Liv.* 4. *Chap.* 2. que les donations faites par les Nobles, pouvoient & devoient être insinuées au Greffe des Senéchaussées, sans distinguer si leur Siège étoit dans la même Ville que celui des Jurisdictions inférieures, ou si les Sièges des uns & des autres étoient en des Villes differentes ; mais quoiqu'il en soit, il plaît aujourd'hui au Roi de donner aux Senéchaussées la même préférence que donnoient les anciennes Ordonnances aux premieres Jurisdictions Royales, & de leur donner cette préférence, autant pour les Roturiers, que pour les Nobles ; en quoi elle paroît se conformer à la disposition du Droit, en la Loi 3. *Cod. de Donat.* suivant lequel l'Insinuation se faisoit devant les Présidens des Provinces, représentés plus naturellement par les Baillifs & Senéchaux, que par les premiers Juges Royaux.

L'Ordonnance, disons-nous, donne la préférence aux Bailliages & Senéchaussées ; mais la donne-t'elle aux Greffes de ces Sièges, ou la donne-t'elle au Bureau des Insinuations Laïques, qui par les Edits & Déclarations antérieures, & notament par la Déclaration du 17. Février 1731. doivent être établis près les Bailliages ou Senéchaussées ? L'Insinuation dans les Bureaux des Insinuations Laïques, rend-elle inutile l'Insinuation au Greffe des Senéchaux ; ou faut-il l'insinuer nécessairement dans l'un & dans l'autre ? Les termes dont se sert l'Ordonnance, *seront insinuées, à peine de nullité, aux Greffes des Bailliages & Senéchaussées Royales*, &c. ne paroissent avoir rien d'équivoque ; mais si on rappelle aussi la disposition de l'Edit ou Déclaration du 17. Février 1731. où il a été dit entr'autres choses, que les Donations seront insinuées aux Bureaux établis pour la perception des droits d'Insinuation près les Bailliages & Senéchaussées ; que les Commis établis dans chacun de ces Bureaux, seront tenus de prêter serment pardevant le Lieutenant Général du Siège; qu'ils tiendront un Régître separé, cotté & paraphé, dans lequel les Actes de Donation seront insinués & enrégîtrés tout au long, qu'ils communiqueront le Régître, & en fourniront des Extraits ou Expéditions à ceux qui les demanderont; que ce Régître sera clos & arrêté à la fin de chaque année par le Lieutenant Général ou le plus ancien Officier du Siège, & rémis quatre mois après au Greffe de la Jurisdiction. Si on rappelle encore que la Déclaration du 30. Novembre 1717. semble avoir principalement pour objèt de décider une question qui avoit été agitée au Parlement de Paris, & sur laquelle le Parlement de Paris avoit ordonné que les Parties se retireroient devers le Roi pour être instruites de sa volonté; sçavoir, si l'Insinuation faite aux Bureaux établis dans les Lieux dépendans de la Justice des Seigneurs, étoit aussi valable, que si elle avoit été faite dans les Greffes des Justices Royales, suivant l'*Article* 57. *de l'Ordonnance de Moulins*, on ne peut que rester dans le doute & dans l'incertitude où on étoit auparavant: les Avocats & les Juges, embarrassés également lorsqu'ils jugent & qu'ils consultent, & si fort, que nous avons vû nombre d'Arrêts dans le Parlement, les uns qui ont jugé suffisante l'Insinuation faite au Greffe des Insinuations Laïques, & d'autres qui ont compté cette Insinuation pour rien. Lorsque les choses sont dans leur entier, on ne peut que conseiller l'Insinuation dans les deux Greffes, & si la chose est faite, on ne peut que conseiller aux deux Parties de soutenir un Procès pour l'événement duquel, elles ont également à espèrer & à craindre; il est à souhaiter que le Roi, à qui seul est réservé de déclarer le véritable sens des Loix, explique celle-ci de manière qu'il ne puisse plus y avoir diversité d'avis ni de jugement.

Il y a des immeubles & des meubles véritables & effectifs, & il y en a d'autres qui ne le sont que par fiction; l'Ordonnance l'Ordonnance appelle immeubles fictifs ceux qui sans être réels ont une assiette, & meubles fictifs ceux qui, quoique immobiliaires, n'ont point d'assiette, & suivent la personne. La Coûtume de Paris dans les Articles 93. 94. & 95. propose pour exemple des immeubles qui ont une assiette sans être réels, les Offices, les Rentes constituées à prix d'argent dans les Lieux où elles ont suite par hypotéque, & pour exemple des choses qui, quoique immobiliaires, n'ont point d'assiette, une somme de déniers donnés par Père, Mère, Ayeul, Ayeule, ou autres ascendans à leurs enfans en contemplation de mariage, pour être employées en achât d'héritages; cette somme réputée immeuble avant l'emploi, à cause de sa destination. La Loi 30. *Cod. de Donat.* semble laisser au Donateur la liberté d'insinuer devant tel Juge, ou en telle Jurisdiction que bon lui semble, *ut ipsa Donatio sita est in voluntate donantis, ita ei liceat Donationem suam, apud quemcumque ex memoratis Judicibus voluerit insinuare & hæ Donationes apud quemlibet fuerint publicatæ, obtineant inconcussam ac perpetuam firmitatem*; mais l'Article que nous expliquons, non plus que les Ordonnances antérieures, ne laissant au Donateur aucune liberté de choix, l'Insinuation doit être faite en la Jurisdiction du domicile du Donateur, si la Donation consiste en choses mobiliaires, & tant dans la Jurisdiction du domicile du Donateur, qu'en celle où sont situées les choses données; si la Donation consiste en immeubles, il suffit d'insinuer la Donation des choses mobiliaires en la Jurisdiction du domicile; c'est parce que, comme l'on dit communement, & comme il est expliqué au long par *Loüet & Brodeau, Lett. R. Chap. 31. mobilia sequuntur personam*, les meubles en quelque lieu qu'ils soient, suivent & le domicile & la personne du Donateur.

La Donation des immeubles doit être insinuée, disons-nous, non-seulement en la Jurisdiction du domicile du Donateur, mais en la Jurisdiction encore en laquelle les biens donnés sont situés; mais supposons que les biens donnés soient situés en différentes Jurisdictions, en l'une desquelles seulement la Donation se trouve insinuée; cette Insinuation validera-t'elle la Donation par rapport aux biens situés dans les autres Jurisdictions, ou ne la comptera-t'on pour rien par rapport même aux biens situés en la Jurisdiction où elle aura été faite? Cette question s'étant présentée au Parlement de Toulouse, en la Cause d'un fils Donataire de la moitié des biens de son père, situés, partie en la Senéchaussée de Caors, & partie en la Senéchaussée de Gourdon, par Arrêt rapporté par *d'Olive*, *Liv.* 4. *Chap.* 1. le même que l'on trouve aussi rapporté par *Cambolas*, *Liv.* 4. *Chap.* 21. la Donation fut jugée valable, mais pour la moitié seulement des biens situés en celle des deux Jurisdictions où elle avoit été insinuée, on crut avec raison que l'Insinuation faite en la Senéchaussée de Caors, ne pouvoit avoir aucun effèt pour les biens situés en la Senéchaussée de Gourdon; mais on ne crut pas aussi que le défaut d'Insinuation en la Senéchaussée de Gourdon dût rendre inutile l'Insinuation faite en la Senéchaussée de Caors; la maxime *utile per inutile non vitiatur*, appliquée à ce cas, comme à tous autres cas semblables. Au surplus cet Arrêt, (& M. d'Olive lui-même en convient) ne peut rien conclurre pour la Donation d'une Terre ou Seigneurie, qui consisteroit en des pièces de terre ou autres dépendances, situées en différentes Jurisdictions; car il n'est pas douteux que l'Insinuation faite en la Jurisdiction où se trouve le Château ou principal manoir de la Seigneurie, ne rende la Donation valable pour toutes les appartenances & dépendances en quelque lieu qu'elles soient situées; il y a une Ordonnance d'Henry II. de 1553. qui le décide aussi formellement.

On a demandé si, le Donateur, venant à changer de domicile après la Donation, mais avant l'Insinuation, la Donation devoit être insinuée en la Jurisdiction du premier ou du nouveau domicile; & suivant l'opinion commune; c'est en la Jurisdiction du premier & ancien domicile, dans le cas du moins où l'Insinuation seroit faite dans le délai prescrit par les Ordonnances, & dont il sera parlé ci-après, parce qu'on donne à l'Insinuation faite dans le délai un effet rétroactif au jour auquel la Donation a été faite, & qu'ainsi la Donation est réputée insinuée avant que le Donateur eût changé de domicile, *Ferrière* en ses notes sur *Bacquet*, *Traité des Droits de Justice*, *page 276.* fait de longs raisonnemens pour prouver la nécessité de l'Insinuation en la Jurisdiction du nouveau domicile, & l'inutilité de l'Insinuation en la Jurisdiction du domicile abandonné par le Donateur; mais tout ce qu'il dit n'a rien de concluant, & son autorité ne doit pas prévaloir à celle de nombre d'autres qui ont pensé autrement; & de *Ricard* entr'autres, *Tom.* 1. *pag.* 273. la Loi *6. ff. ad municipalem*, décide, qu'une personne peut avoir deux différens domiciles, *Jurisprudentibus placuit duobus locis posse aliquem habere domicilium si utrobique ita se instruxerit ut non ideò minùs apud altera se collocâsse videatur*, & nous trouvons en effet, dans le *premier Tom. du Journal du Palais*, *pag.* 104. un Arrêt celébre du Parlement de Paris, qui le jugea ainsi: Arrêt qui jugea que le Prince de Guimenés avoit eu pendant sa vie deux différens domiciles, l'un à Paris, l'autre en la Province d'Anjou, qui régla, ou fit le partage de la succession mobiliaire, suivant les différentes Coûtumes de ces Provinces: or cela supposé, on demande encore dans le cas où les deux domiciles qu'auroit eu un Donateur, répondroient à deux différentes Jurisdictions, en quelle de deux la Donation devroit être insinuée? Je ne doute pas que l'Insinuation étant faite lors de ladite Donation, ou dans le délai prescrit par les Ordonnances, elle ne pût & ne dût être faite en la Jurisdiction du domicile où se trouveroit le Donateur lors de la Donation, mais je crois aussi, que si l'Insinuation se faisoit après le délai prescrit, on ne pourroit la faire valablement qu'en la Jurisdiction du domicile lors de l'Insinuation, nous en avons dejà dit la raison, c'est qu'on donne à l'Insinuation faite dans le délai un effèt rétroactif au jour de la Donation, au lieu que l'Insinuation n'a effèt que du jour qu'elle a été faite, & que la Donation, après ce délai, n'a effèt elle-même que du jour qu'elle a été insinuée; peut-être que pour prévenir tout sujèt de contestation, seroit-il prudent d'insinuer dans la Jurisdiction des deux domiciles.

Que dirons-nous des institutions contractuelles & des Donations de tous biens présens & à venir dans le cas où elles sont tolérées ? L'Insinuation au Greffe de la Jurisdiction du domicile, sera-t'elle suffisante, ou faudra-t'il insinuer dans toutes Jurisdictions les Donations où les biens se trouvent situés, & non-seulement où se trouvent situés les biens compris en l'institution ou Donation lorsqu'elle a été faite, mais ceux-là encore qui ont été acquis depuis; ceux-ci n'étant pas moins acquis que les autres à l'héritier contractuel ou au Donataire universel ? A l'égard des institutions contractuelles, on convient que l'Insinuation en la Jurisdiction du domicile est suffisante: une institution contractuelle regardée, comme dit *Mr. Ricard*, *Tom.* 1. *pag.* 275. comme une espèce de Donation irrégulière, qui n'affecte aucuns biens en particulier, & qui n'oblige le Donateur à autre chose, qu'à ne pas disposer à titre universel en faveur d'un autre, de ce qui se trouvera dans la Succession lors de son decès: & pour ce qui regarde la Donation des biens présens & à venir, je crois qu'on peut s'en tenir à l'Arrêt que rapporte *Baquet*, *Traité des droits de Justice*, *Chap.* 21. *n.* 384. qui jugea suffisante pour les biens même acquis depuis la Donation, l'Insinuation faite en la Jurisdiction où étoient situés les biens donnés lors de la Donation. La Donation des biens à venir, regardée comme une institution ou comme une promesse d'instituer; on peut, disons-nous, s'en tenir à cette règle malgré l'Arrêt contraire que rapporte *Brodeau sur Loüet*, *Lettre D. Chap.* 10. *n.* 12.

# ARTICLE XXIV. XXV.

CEs deux Articles n'ont bésoin d'aucune explication; ils ne sont qu'ordoner : sçavoir, l'Article 24. que dans chaque Bailliage ou Senéchaussée Royale, il sera tenu un Régître particulier paraphé par le premier Officier du Siège, & par lui arrêté à la fin de chaque année, dans lequel Régître seront transcrits en entier tous Actes de Donations; & l'Article XXV. que le Dépositaire de ce Régître sera tenu d'en donner communication toutes les fois qu'il en sera réquis, & donner même des Extraits, si les Parties le demandent: s'il pouvoit y avoir quelque difficulté, ce seroit par ces mots qu'ajoûte l'Ordonnance, le tout ainsi qu'il est réglé par la Déclaration de 1731. 17. Février, parce qu'en effet nous trouvons quelque différence de réglement que fait l'Ordonnance, d'avec celui que fait la Déclaration du 17. Février. L'Ordonnance, par exemple, parle de l'Insinuation au Greffe des Bailliages & Senéchaussées, & la Declaration ne parle que de l'Insinuation aux Bureaux ètablis pour la perception des droits près les Bailliages & les Senéchaussées. L'Ordonnance parle vaguément du Dèpositaire du Regître des Insinuations, ce qui n'exclut point le Greffier de la Jurisdiction, & la Declaration parle nommement d'un Commis ètabli en chacun des Bureaux; ce qui, comme l'on voit, donne exclusion au Greffier, ainsi que l'obligation imposée au Commis, de faire arrêter ce Regître à la fin de chaque annèe, & de le remettre quatre mois après au Greffe de la Jurisdiction, le Greffier dès lors seulement en demeurant chargé, & tenu de le communiquer, & d'en fournir des Extraits ou Expéditions, lorsqu'il en sera réquis : cette difference, disons-nous, fait quelque difficulté, ou pour mieux dire, rend plus difficile une des questions que nous proposons, en expliquant l'Article précédent ; sçavoir, si l'Insinuation au Greffe des Insinuations Laïques, peut dispenser de la nécessité d'insinuer au Greffe des Insinuations Royales.

## ARTICLE XXVI.

**Lorsque l'Insinuation aura été faite dans le délai porté par les Ordonnances, même après le decès du Donateur ou du Donataire, la Donation aura son effèt du jour de sa date à l'égard de toutes sortes de personnes; pourra néanmoins être insinuée après le decès du Donataire, pourvû que le Donateur soit encore vivant : mais elle n'aura effèt en ce cas, que du jour de l'Insinuation.**

LE délai, pour insinuer les Donations, est fixé par l'Article 58. de l'Ordonnance de Moulins à quatre ou six mois, toutes Donations seront insinuées dans quatre mois, à compter du jour & date d'icelles, pour le regard des biens & personne de ceux qui sont demeurans dans notre Royaume, & dans six mois pour ceux qui sont hors de notre Royaume ; autrement & à faute de ladite Insinuation, seront & demeureront lesdites Insinuations nulles & de nul effèt & valeur, tant en faveur du Créancier que de l'héritier du Donant ; & si dans ledit tems le Donant ou le Donataire decéde, pourra néanmoins ladite Donation être faite dans ledit tems.

Ce délai, comme l'on voit, est un délai fatal ; mais la Declaration du 17. Novembre 1690. permet d'insinuer en tout tems, aux conditions néanmoins, & avec le tempérament que le permet l'Article que nous expliquons: c'est-à-dire, que le Donateur soit encore en vie, & que la Donation insinuée hors du délai, n'ait effet que du jour de l'Insinuation. Les Donations pourront être insinuées pendant l'année des Donations, encore qu'il y ait plus de quatre mois qu'elles ayent été faites, & sans qu'il soit bésoin d'aucun consentement du Donateur, ni de Jugement qui l'ait ordonné: & lorsqu'elles ne seront insinuées qu'après les quatre mois, elles n'auront effet contre les Acquereurs des biens donnés, & contre les Créanciers des Donateurs, que du jour qu'elles auront été insinuées.

Lorsque l'Insinuation est faite dans le délai, il est indifférent que le Donateur soit en vie ou decédé; mais le decès du Donataire rend, après le délai, l'Insinuation inutile: lorsque la Donation est insinuée dans le délai, c'est comme si elle étoit insinuée le jour même auquel elle a été faite; mais la Donation insinuée après le délai, n'a effet que du jour de l'Insinuation.

L'Ordonnance n'ajoute rien à cet égard à la Déclaration du 17. Novembre 1690. mais elles font l'une & l'autre deux changemens considérables en la Jurisprudence observée au Parlement de Toulouse, soit en ce qu'elles ne permettent pas d'insinuer après le délai, lorsque le Donateur est decédé, soit en ce qu'elles donnent à l'Insinuation faite dans le délai, un effet rétroactif au jour que la Donation a été faite, au préjudice des Créanciers ou Tiers-Acquereurs, qui pourroient avoir acquis ou contracté dans l'intervale de la Donation à l'Insinuation.

L'Ordonnance & la Déclaration, en ne permettant d'insinuer après le délai, que lorsque le Donateur est encore en vie, & faisant de la vie du Donateur une condition sans laquelle, l'Insinuation après le délai est sans effet, ne font que se conformer à l'esprit & à la disposition de l'Ordonnance de Moulins, qui regarde une Donation non insinuée, nulle, par rapport aux héritiers du Donateur, & regarde par conséquent les héritiers du Donateur comme ayant un droit acquis, au préjudice duquel, la Donation ne peut être insinuée; mais c'est ce qu'on n'avoit point voulu entendre jusques ici au Parlement de Toulouse, où les Donations non insinuées, n'étoient jugées nulles que par rapport aux Créanciers & Tiers-Acquereurs, où le défaut d'Insinuation pouvoit être si peu opposé par les héritiers du Donateur, que par le Donateur lui-même, & où par conséquent les héritiers du Donateur ne pouvoient jamais avoir aucun interêt à s'opposer à l'Insinuation.

La Déclaration du 17. Novembre 1690. donne à l'Insinuation faite dans le délai, un effêt rétroactif au jour de la Donation; car de-là qu'il est dit que les Donations insinuées après les quatre mois, n'auront effêt contre les Acquereurs & les Créanciers, que du jour qu'elles auront été insinuées; on conclut naturellement qu'il n'en est pas de même des Donations insinuées dans les quatre mois, & qu'à l'égard de celles-ci, le droit du Donataire remonte au jour de la Donation; mais l'Ordonnance en l'Article que nous expliquons le décide encore plus clairement, lorsqu'elle dit, que l'Insinuation faite dans le délai, aura son effêt du jour de sa date à l'égard de toutes sortes de personnes, ce qu'on ne sçauroit entendre que des Acquereurs & des Créanciers, *intermedii temporis*: or c'est encore à quoi le Parlement de Toulouse n'avoit pû se conformer; le Parlement regardant, comme nous avons dit, l'Insinuation nécessaire par rapport seulement aux Créanciers ou Tiers-Acquereurs; mais la regardant à cet égard comme si nécessaire & si indispensable, que n'y eût-il qu'un intervale de vingt-quatre heures du jour de la vente faite par le Donateur, ou de l'obligation par lui contractée au jour de l'Insinuation; l'Insinuation en ce cas étoit sans effêt par rapport à l'Acquereur ou au Créancier: on ne peut dissimuler, ainsi que l'observe ferve *Catellan*, *Liv.* 5. *page* 227. que cet effet rétroactif de l'Insinuation peut ouvrir la porte à bien de fraudes; mais enfin la Loi est précise, & il faut dorésnavant que ceux qui voudront acquerir ou contracter avec sûreté, ayent l'attention de chercher, non seulement dans le Régître des Insinuations, mais encore dans le Régître du Notaire ou du Contrôle, si ceux avec qui ils contractent, n'ont pas fait des Donations qui puissent leur faire perdre leurs créances ou leurs acquisitions; on peut dire & de la Déclaration de 1690. & de la nouvelle Ordonnance, qu'elles ont voulu encore à cet égard se conformer à l'esprit de l'Ordonnance de Moulins, ou à l'interprétation qu'en avoit fait le Parlement de Paris; car on peut voir par les Arrêts que rapporte *Loüet*, *Liv.* 9. *Ch.* 1. que le Parlement de Paris avoit toûjours regardé comme indifférend, même par rapport au Donataire que l'Insinuation fut faite plûtôt ou plûtard, pourvû qu'elle fût dans les quatre mois.

Pourra, dit l'Ordonnance, la Donation être insinuée après les délais, même après le decès du Donataire; & en cela elle fait encore un changement considérable: Non point en la Jurisprudence des Parlemens, où le défaut d'Insinuation ne rendoit la Donation nulle que par rapport aux Créanciers & Tiers-Acquereurs, le decès du Donataire, non plus que celui du Donateur, n'y ayant jamais été un obstacle à l'Insinuation après le délai, mais en la Jurisprudence des Parlemens, où la Donation est déclarée nulle après le défaut d'Insinuation, même en faveur des héritiers du Donateur; car on y jugeoit que le decès du Donataire après le délai, n'étoit pas moins un obstacle à l'Insinuation, que le decès du Donateur; & cette Jurisprudence, dit *Ricard*, *Tome* 1. *page* 287. étoit fondée sur ce que l'Acte ne pouvoit être divisé, & qu'il devoit être parfait avant le délai expiré par l'observation de toutes les formalités réquises; ensorte, ajoûte-t'il, que les héritiers du Donataire, après ce délai, sont aussi peu fondés à insinuer malgré le Donateur, sans un nouveau consentement de la part du Donateur, que le seroit le Donataire survivant à insinuer malgré les héritiers du Donateur decédé aussi après le délai. Ce raisonnement est évidemment faux, en ce qu'il donne au decès du Donataire le même effet qu'au decès du Donateur après le délai, parce que les héritiers du Donateur ont, comme nous l'avons dit, un droit acquis d'abord après la mort, & un droit au préjudice duquel l'Insinuation ne peut plus être faite après les délais, au lieu que le Donateur ne pouvant pendant sa vie s'opposer à l'Insinuation, & ce défaut d'Insinuation ne rendant pas à son égard la Donation nulle, ainsi que nous le verrons en expliquant l'Article qui suit: il n'y a rien qui empêche que le Donataire, décédant avant le Donateur, ne transmette son droit à ses héritiers, & que les héritiers du Donataire ne puissent en tout tems contraindre le Donateur à consentir à l'Insinuation, ainsi & en la manière que le Donataire auroit pû l'y contraindre lui-même; c'est sans doute sur cette différence entre le Donateur & le Donataire, & les héritiers de l'un & de l'autre, qu'est fondée la disposition de l'Ordonnance.

*Mr. Ricard* en l'endroit que nous venons de citer, propose une question de sçavoir, si, lorsqu'il y a un intervale de la Donation à l'acceptation, le délai pour l'Insinuation doit courir du jour seulement de l'acceptation; & il décide sans difficulté pour l'affirmative; la Donation, dit-il, n'étant parfaite, & ne pouvant même qu'improprement être qualifiée telle, que du jour qu'elle a été acceptée.

# ARTICLE XXVII.

Le défaut d'Insinuation des Donations qui y sont sujettes, à peine de nullité, pourra être opposé, tant par les Tiers-Acquereurs & Créanciers du Donateur, que par ses héritiers Donataires postérieurs ou lègataires, & généralement par tous ceux qui y auront intérêt, autres néanmoins que le Donateur : & la disposition du présent Article aura lieu, encore que le Donateur se fût chargé expressement de faire insinuer la Donation, à peine de tous dépens, dommages & intérêts, laquelle clause sera regardée comme nulle & de nul effèt.

NOus avons dejà dit qu'on avoit jugé jusques ici dans quelques Parlements du Royaume, du nombre desquels est le Parlement de Toulouse, que les Donations non insinuées étoient nulles par rapport seulement aux Créanciers & Tiers-Acquereurs, & que la nullité ne pouvoit être opposée par les héritiers du Donateur, Donataires postérieurs, lègataires ou autres successeurs, à titre lucratif ; cette Jurisprudence fondée sur ce qu'on ne donnoit à l'Insinuation d'autre objèt que celui de prévénir les fraudes, & qu'on ne croyoit pas que la fraude pût être présumée de la part du Donateur, à l'égard de ceux qui avoient droit & cause de lui à titre purement gratuit ; le défaut d'Insinuation ne pouvant servir de prétexte à un héritier pour revenir contre le fait de son Auteur, & il n'y avoit d'exception que pour les enfans héritiers de leur pére, qui en cette qualité, pûssent attaquer les Donations faites à des personnes étrangères, si elles ne se trouvoient pas insinuées; un Donataire ne pouvoit se prévaloir contre un Donataire antérieur, de ce que sa Donation avoit été insinuée, & que celle qu'il attaquoit ne l'avoit pas été : dans le concours, la première Donation, quoique non insinuée, prévaloit sans difficulté à la seconde quoique insinuée.

Les choses, comme l'on voit, changent totalement par l'Article que nous expliquons ; le défaut d'Insinuation pourra être dorésnavant opposé par tous ceux qui y auront interêt, & tous les interessés pourront l'opposer sans distinction de ceux qui auront droit & cause du Donateur à titre lucratif, & de ceux qui l'auront à titre onéreux. Cet Article est un de ceux sur lesquels Mrs. du Parlement se sont les plus récriés : mais leurs rémontrances ont été inutiles; Mr. le Chancelier répondit que ce n'étoit point une Loi nouvelle, vû qu'elle ne faisoit que rappeller la disposition des anciennes Ordonnances, & sur ce que Mrs. du Parlement insistoient sur les termes de la Déclaration du 18. Janvier 1712. qui dit, en parlant de l'Insinuation des substitutions; que le défaut de publication & enrégîtrement ne pourra être opposé en aucuns cas aux substitués, par les héritiers institués ou *ab intestat*, Donataires & Lègataires universels & particuliers, ni par leurs successeurs, à l'égard desquels les substitutions auront leur effèt, comme si elles avoient été publiées & enrégîtrées : Mr. le Chancelier répliqua qu'il n'y avoit pas de comparaison à faire entre l'Insinuation des Donations, & l'Insinuation & publication des substitutions; que dans le premier, c'est au Donataire à s'imputer de n'avoir pas rempli les formalités prescrites, & que tout est en faveur des héritiers du sang, au lieu qu'à l'égard des substitutions, on ne peut rien imputer aux substitues ; puisque c'est au contraire à l'héritier à faire faire la publication, & que s'il pouvoit en opérer le défaut, il profiteroit de sa fraude ou de sa négligence.

Autres néanmoins que le Donateur ; dit l'Ordonnance ; c'est-à-dire, que par rapport au Donateur, le défaut d'Insinuation n'est pas un moyen de nullité, & ce qui paroît d'abord bisarre, que les héritiers du Donateur peuvent en cette qualité exercer une action, que le Donateur dont ils ont droit & cause n'auroit pû lui-même exercer pendant sa vie. L'ordonnance de 1539. sembloit rendre commun le moy n de nullité au Donateur & à ses héritiers, lors qu'elle di ; „ autrement seront réputées nulles, & ne commenceront à „ avoir leur effet, que du jour de l'Insinuation „ ; l'Ordonnance de Moulins sembloit le restraindre aux héritiers ; car de-là qu'elle dit, à faute de ladite Insinuation, seront & demeureront les Donations nulles, tant pour le regard des Créanciers, que de l'héritier du donant ; on pourroit natu rellement conclurre qu'une Donation non insinuée, étoit nulle par rapport aux héritiers du Donateur & non pas par rapport au Donateur lui-même ; mais enfin, voici une Loi qui ne laisse ni doute ni incertitude, " pourra le défaut d'Insinuation être opposé par les héritiers du Donateur universels & légataires, & généralement par tous ceux qui „ y auront interêt, autres toutefois que le Donateur „ ; on ne pouvoit pas dire en termes plus clairs que le défaut d'Insinuation ne peut servir de prétexte au Donateur pour revenir contre la Donation ; que le Donateur est lié par la Donation quoique non insinuée, qu'il peut être contraint pendant sa vie, de consentir à l'Insinuation ; & en un mot, que le Donataire, aussi-bien que ses héritiers, peuvent faire insinuer en tout tems, sauf qu'après les quatre mois, l'Insinuation n'a effet que du jour de sa date. Nombre d'Auteurs fondés sur la disposition du Droit en la *Loi 36. Cod. de Donat.* avoient regardé jusques ici le défaut d'Insinuation, comme produisant une nullité absoluë, autant pour le Donateur, que pour ses héritiers, & ils ne pouvoient se persuader que la condition du Donateur pût en cette matiere être pire que celle de ses héritiers, mais peut-être qu'ils auroient pensé autrement s'ils avoient refléchi qu'il y a une raison pour le Donateur, qui n'est pas commune à ses héritiers; cette raison prise de ce que le Donateur ne peut pas ignorer la Donation qu'il a faite, au lieu qu'elle peut être inconnuë aux héritiers, & prise encore de l'interêt qu'ont les héritiers à connoître la Donation, pour ne pas s'engager imprudemment à perdre cette qualité.

Le défaut d'Insinuation peut être opposé par les Créanciers, mais le Donataire dont la Donation n'est pas insinuée, ne pourra-t'il pas du moins par la possession de dix ans, & de la tradition réelle du fond donné, prescrire l'action hypotéquaire des Créanciers antérieurs ou postérieurs: on trouve quelques Arrêts dans *Boniface*, *Tom.* 1. *pag.* 470. qui le jugea ainsi, mais nous trouvons dans *M. Catellan*, *Tom.* 2. *pag.* 224. des Arrêts contraires, & c'est à ceux-là qu'il faut s'en tenir; une Donation non insinuée ne pouvant en effet être regardée comme un titre légitime, & tel qu'il le faut pour la prescription de l'action hypotéquaire; par cette raison, *Ricard*, *Tom.* 1. *pag.* 188. ne doute point que le défaut d'Insinuation ne puisse aussi être opposé pendant trente ans par les héritiers du Donateur, encore même cet Auteur veut-il que le tems ne commence à courir contre les héritiers, que du jour du decès du Donateur; parce que c'est seulement du jour du decès du Donateur que les héritiers ont pû intenter leur action contre le Donataire.

On a demandé si le défaut d'Insinuation pouvoit être opposé par ceux qui auroient eu d'ailleurs connoissance de la Donation, *Coquille en ses questions*, *Chap.* 165. a déclaré que non, mais sa décision n'est point suivie dans l'usage; on juge constament qu'il n'y a qu'une connoissance légale, telle que la donne l'Insinuation, qui puisse faire déclarer irrecévable un Créancier ou autre Partie interessée à opposer ce défaut; en l'année 1728. il fut rendu en la seconde Chambre des Enquêtes, au rapport de M. de Bousquet, un Arrêt qui le juge ainsi en faveur même d'un Créancier ou Tiers-Acquereur, qui avoit été présent & servi de témoin en l'Acte de Donation; si le Créancier ou une autre personne interessée a connu la Donation avant de contracter, il a connu en même-tems qu'elle ne pouvoit lui être opposée par un défaut, qui par les Ordonnances la rendoit à son égard nulle & de nul effet.

Dans les règles, le défaut d'Insinuation ne pourroit pas être opposé, du moins par les héritiers du Donateur dans le cas où le Donateur se seroit chargé lui-même de faire insinuer la Donation, à peine de tous dépens, dommages & interêts; parce que les engagemens l'assujettissant à une garantie envers le Donataire, celui-ci n'auroit qu'à opposer aux héritiers la maxime qui dit, *quem de evictione tenet actio eumdem agentem repellit exceptio*; mais l'Ordonnance tranche ou prévient la difficulté, en déclarant de pareilles clauses nulles & de nul effet.

# ARTICLE XXVIII.

**Le défaut d'Insinuation pourra pareillement être opposé à la femme commune en biens ou séparée d'avec son mari, & à ses héritiers pour toutes les Donations faites à son profit, même à titre de Dot, & ce dans tous les cas où l'Insinuation est nécessaire, à peine de nullité, sauf à elle ou à ses héritiers d'exercer leur recours, s'il y échoit, contre le mari ou ses héritiers, sans que, sous prétexte de leur insolvabilité, la Donation puisse être confirmée en aucuns cas, nonobstant le défaut d'Insinuation.**

IL n'y a de rémarquable dans cet Article, que le recours qu'il donne à la femme ou à ses héritiers contre le mari, ou les héritiers du mari, qui a négligé de faire insinuer les Donations faites à son profit ; le recours fondé sur l'obligation où est le mari de veiller aux interêts de sa femme : on peut rappeller ici ce que nous avons observé, en expliquant l'Article *9.* touchant l'acceptation des Donations que les femmes, & les femmes même qui ne sont point communes en biens, ou qui sont séparées, ne peuvent faire sans être autorisées par leur mari ou par la Justice à leur résus.

Je voudrois, dit *Ricard*, *Tome* 1. *pag.* 279. en parlant du recours qu'on donnoit de son tems à la femme contre le mari, qui avoit négligé de faire insinuer; je voudrois qu'on limitât la chose, & que le mari ne fût point responsable du défaut d'Insinuation, lorsque la femme a accepté la Donation autorisée par Justice sur le résus du mari, ou qu'elle est

eſt ſeparée des biens : dans le premier cas, parce que le mari s'eſt déchargé en réfuſant d'autoriſer ſa femme du péril qu'il pouvoit encourir ; & dans le ſecond, parce que la femme ayant la direction de ſon bien & de ſes affaires, c'eſt à elle à veiller à ce que la Donation faite à ſon profit, ſoit revêtuë des formalités réquiſes, mais ces raiſons n'ont point prévalu ; l'Ordonnance n'excepte point les Donations que la femme a acceptées ſans être autoriſée par ſon mari, & les autres, c'eſt-à-dire, les Donations faites à la femme ſeparée de ſon mari, ſont nommément compriſes dans la diſpoſition.

L'Ordonnance dit que le défaut d'Inſinuation pourra être opposé à la femme pour les Donations faites à ſon profit, même à titre de Dot : par-là elle nous fait entendre deux choſes ; la première, que les Donations faites à titre de Dot ſont ſujettes à la Loi de l'Inſinuation ; & la ſeconde, qu'il y a des Donations faites à titre de Dot qui ſont exceptées de la règle ; l'exception eſt marquée en l'Article 19.

L'Ordonnance ajoûte que la femme pourra exercer ſon recours contre le mari, s'il y échoit, & par-là elle nous fait entendre qu'il y a des cas où la femme ne pourroit exercer ce recours. L'Article qui ſuit va nous apprendre à connoître ou à diſtinguer ces cas.

# ARTICLE XXIX.

N'entendons néanmoins qu'en aucun cas ledit recours puiſſe avoir lieu, quand il s'agira des Donations faites à la femme, pour lui tenir lieu de bien paraphernal, ce n'eſt ſeulement que lorſque le mari aura eu la joüiſſance de cette nature de bien, du conſentement exprès ou tacite de la femme.

LOrſque l'Ordonnance en l'Article 19. exige des femmes mariées qu'elles ne puiſſent accepter aucune Donation ſans être autoriſées par leur mari, elle excepte les Donations dont les femmes doivent ſeules retirer tout l'avantage; c'eſt-à-dire, les Donations qui leur ſont faites pour leur tenir lieu de bien paraphernal, les maris n'ayant alors aucun interêt qui rende leur autoriſation néceſſaire; & par la même raiſon, l'Article auſſi que nous expliquons, excepte pareilles Donations de la diſpoſition de l'Article précédent, qui rend les maris garants & reſponſables du défaut d'Inſinuation.

De deux choſes l'une, avons-nous dit, en expliquant l'Article 9. & nous pouvons ici propoſer le même Dilemme; ou la femme, en ſe mariant, s'eſt conſtituée une Dot fixe & certaine, ou elle s'eſt conſtituée généralement tous & chacuns ſes biens préſens & à venir, *ſe & ſua*; dans le dernier cas, les choſes données devenant d'abord dotales, & comme telles, appartenant au mari, il eſt juſte que le mari veille à ce que la Donation ſoit revêtuë de toutes les formalités réquiſes, & que la femme puiſſe recourir ſur lui, ſi par ſa faute ou par ſa négligence la Donation eſt déclarée nulle ; mais dans le premier, le mari peut être tranquille, parce que toutes les fois qu'une femme s'est constituée une somme fixe & certaine, on ne voit pas qu'on puisse lui faire des Donations pendant le mariage, autrement que pour lui tenir lieu de bien paraphernal ; si ce n'est qu'on lui donnât, comme on le pourroit sans doute, pour lui tenir lieu d'augmentation de Dot ; tous les biens appartenants à une femme mariée sont nécessairement dotaux ou paraphernaux, il ne peut être rien imputé au mari pour ce qui est paraphernal. Le mari n'a, encore une fois, à craindre le recours pour le défaut d'Insinuation, que lorsque la constitution est *omnium bonorum*, ou que la Donation est faite en augmentation de Dot, comme en ce seul cas, l'autorisation du mari est nécessaire pour l'acceptation.

L'Ordonnance, en déclarant n'entendre assujettir le mari au recours de la femme, lorsque la Donation est faite à la femme pour lui tenir lieu de bien paraphernal, ajoûte la modification, si ce n'est que le mari eût la joüissance de cette nature de biens ; & il n'y a rien en cela qui ne soit conforme aux principes du Droit, parce que comme il est dit en la Loi dernière, *Cod. de pactis conventis. Dùm apud maritum remanent cautiones, & dolum & diligentiam maritus circà eas præstare debet qualem & circà res suas habere invenitur, ne ex ejus malignitate vel desidiâ aliquâ mulieri accidat jactura, quod si evenerit, ipse eamdem de proprio resarcire compelletur.*

S'il y a quelque chose de singulier, c'est en ce que l'Ordonnance confond la joüissance ou l'administration que fait le mari des biens paraphernaux du consentement exprès ou tacite de la femme ; c'est-à-dire, en ce qu'elle donne au consentement tacite de la femme le même effet qu'au consentement exprès : qu'un mari régisse & administre les biens paraphernaux, comme fondé de procuration de sa femme, ou parce que la femme, comme il est dit en la Loi que nous venons de citer, ne lui aura rémis que ses Actes pour régir & administrer, *si mulier marito suo nomina, id est fœneratitias cautiones quæ extrà dotem sunt, dederit, ut loco paraphernorum apud maritum maneant*; sans doute qu'en l'un & en l'autre cas, il doit être ténu de sa négligence, & garant de ce que la femme peut perdre par le défaut de l'Insinuation ou autrement, mais que la perception que pourra faire le mari des revenus des biens paraphernaux sans autre titre qu'un consentement tacite, qui s'induit de ce que la femme tolére & ne contredit point la perception des revenus qu'il pourra faire aujourd'hui & ne pas faire demain, suivant la volonté & le caprice de sa femme; & qu'il fera, peut-être, sans en retirer aucune utilité, l'assujettisse à la même garantie; c'est en quoi la Jurisdiction des maris paroît un peu dure: & c'est aussi ce qui avoit excité Messieurs du Parlement à faire des rémontrances sur cet Article.

Les Loix donnent à la femme une hypothéque tacite sur les biens du mari qui a administré ses biens paraphernaux; mais de quel jour cette hypothéque est elle acquise à la femme? Est-ce du jour que le mari s'est chargé de l'administration, ou du jour seulement que le mari a géré, & que par sa gestion il est devenu débiteur de sa femme? Nous trouvons dans le troisième Tome du Recüeil d'*Augeard*, *page* 210. un Arrêt du Parlement de Paris, qui jugea que ce n'étoit point la réception actuelle des sommes appartenant à la femme, qui produiroit son hypothéque sur les biens du mari, mais plûtôt le titre en vertu duquel le mari les avoit reçûs & avoit eu droit de les recevoir, qui fit par conséquent remonter cette hypothéque, & alloüa la femme par préférence aux Créanciers qui avoient contracté avec le mari dans l'intervale de la procuration, en vertu de laquelle, le mari avoit reçû, au jour de la réception actuelle; mais on ne peut dissimuler que cet Arrêt, (& l'Auteur même qui le rapporte en convient,) est contraire à la disposition du

Droit, qui donnant à la femme une hypothéque tacite, la donne seulement du jour de la réception actuelle, *si quidem in dotali instrumento hipotecæ pro his nominatim à marito scriptæ sint, sancimus his esse mulierem ad cautelam suam contentam sint autem minimè hoc scriptum inveniatur, ex presenti nostra lege habeat hipotecam contra res mariti ex eo quod pecunias ille exegit* : l'hypothéque faite pour les biens paraphernaux, en cela différente de celle du Pupille, sur les biens de son Tuteur ou Curateur, de celle des enfans sur les biens de leur Père & de leur Administrateur, de celle de l'Eglise sur les biens du Prélat, & plusieurs autres dont il a plû aux Loix de fixer l'époque du commencement de l'administration. *Catellan, Tome* 2. *page* 60. *Journal du Palais, Tome* 2. *page* 643. *Basnage, page* 66. *initium administrationis non tempus in quo aliquid malè gestum fuerit.* Dans l'espèce de l'Arrêt qui fit remonter l'hypothéque de la femme au jour du Contrat de Mariage, il y avoit une circonstance particulière ; ce qui peut en avoir été le motif, c'est que dans le Contrat, la Communauté avoit été stipulée, & que cette stipulation étoit pour le mari, maître de la Communauté, un titre pour administrer & disposer des biens paraphernaux, ainsi que des biens dotaux.

Quoique la femme, comme nous avons dit, soit maîtresse absoluë des biens paraphernaux, qu'elle en puisse disposer comme bon lui semble, & que le mari ne puisse s'ingerer en l'administration, perception, ou disposition de cette nature de biens, qu'autant que la femme y consent ; il est pourtant remarquable, que si le mari perçoit les revenus ou les interêts des capitaux sans aucune contradiction de la part de sa femme ; & que sans contradiction aussi il les employe à ses usages, à ceux de sa femme & de sa famille, la femme n'a aucune action pour les repeter ; *licentiam marito dari*, dit la Loi dernière, *Cod. de pactis conventis. Usuras quidem circà se & uxorem expendere pecunias autem sortis quas exegerit servare mulieri*, *Ranchin sur*

*Guy Pape, quest.* 468. *Despeissés, Tome* I. *page* 430. & plus précisement la Loi 17. *Cod. de Donat. inter virum & uxorem. De his quæ extrà dotem in domum illata à marito erogata commemoras, si quidem te donante consumpta sunt, intelligis adversus hæredes non nisi in quantum locupletior fuit, habere te actionem: si verò contra voluntatem tuam, omnia tibi restitui oportere.* Les Loix l'ont ainsi sagement établi, pour prévénir les discussions qu'entraîneroit le compte que le mari seroit obligé de rendre des joüissances par lui faites; & peut-être auroient-elles encore mieux fait, si en suivant la première idée qu'elles avoient eu, & que nous trouvons marquées par ces paroles dans la Loi 8. *Cod. de pactis convent. bonum erat mulierem quæ se ipsam marito committit res etiàm ejusdem pati arbitrio gubernari*: Elles avoient interdit à la femme la disposition de ses biens paraphernaux, ainsi que de ses biens dotaux, & laissé au mari la disposition des uns & des autres; paroissant juste en effèt que le mari, Chef de la femme & de la famille, pût employer le tout aux usages communs; & cette liberté d'ailleurs d'une joüissance indépendante du mari, n'étant que trop souvent une occasion à troubler la paix, que demande l'union du mariage.

On ne doit pas mettre au nombre des biens paraphernaux de la femme, ce qui se pourroit trouver en sa puissance, & ce que la femme prétendroit lui appartenir, si on voyoit à quel titre elle l'avoit acquis, ou qu'il ne parût qu'elle l'avoit lors du mariage; les Loix ayant decidé que tout ce que la femme posséde, & dont le titre & l'origine ne paroît pas, est présumé appartenir au mari, & qu'il est même de l'honneur & de l'interêt de la femme, qu'on le présume ainsi; *Quintus Mutius*, dit la Loi 51. *ff. de Donat. inter virum & uxor. cùm in controversiam venit: undè ad mulierem quid pervenerit, ei veriùs & honestiùs est quod non demonstratur undè habeat, existimari à viro, aut qui in potestate ejus esset ad eam pervenisse evitandi au-*

*tem turpis quæstus gratiâ circà uxorem hoc videtur Quintus Mutius probâsse*; c'eſt ſur ce principe que fut rendu l'Arrêt que rapporte *Catellan au Liv.* 5. *Chap.* 5. & par lequel le prix d'une acquiſition faite, *conſtante matrimonio*, par la femme qui avoit conſtitué en Dot tous & chacuns ſes biens, fut declarée appartenir au mari; je dis le prix de l'acquiſition & non la propriété du fonds acquis; car rien n'empêche qu'on ne puiſſe acquerir la propriété d'un fonds, avec l'argent d'autrui, *toto titulo ſi quis alteri vel ſibi ex aliena pecunia emerit.* Dans l'eſpèce de cet Arrêt, la femme prétendoit n'être pas dans le cas de la Loi que nous venons de citer; comme ayant, diſoit-elle, fait un trafic de boulangérie; mais cette exception fut mépriſée, parce que la femme devant *in omnibus negotiari marito*, tout ce qu'elle pouvoit avoir gagné en commerçant ou négociant, étoit également acquis au mari.

## ARTICLE XXX.

Le mari ni ſes héritiers ou ayant cauſe, ne pourront en aucun cas, & quand même il s'agiroit de Donation faite par d'autres que par le mari, oppoſer le défaut d'Inſinuation à la femme commune ou ſéparée, ou à ſes héritiers ou ayant cauſe, ſi ce n'eſt que ladite Donation eût été faite pour tenir lieu à la femme de bien paraphernal, & qu'elle en eût eu la libre joüiſſance & adminiſtration.

CEt Article eſt une ſuite des précédens, & s'il y a quelque choſe de ſingulier ou qui paroiſſe d'abord difficile à comprendre, c'eſt en ce qu'il décide ou ſuppoſe dans ſa déciſion, que le mari, ſes héritiers ou ayant cauſe, ne peuvent oppoſer le défaut d'Inſinuation d'une Donation que le mari même aura fait à ſa femme; je vois bien que ſi les héritiers du mari ne peuvent oppoſer le défaut d'Inſinuation, c'eſt que commme il eſt dit en l'Article 28. la femme a un recours contre le mari ou ſes héritiers, toutes les fois qu'une Donation eſt déclarée nulle par le défaut d'Inſinuation, & que la nullité ne ſçauroit être oppoſée de la part de ceux qui ſont obligés à la garantie, *quem de evictione tenet actio eumdem agentem repellit exceptio*; mais la difficulté ſubſiſte toûjours, parce qu'il eſt dit en l'Article 27. que le défaut d'Inſinuation pourra être oppoſé par les héritiers du Donateur, encore même que le Donateur ſe fût expreſſement chargé de faire inſinuer la Donation, & qu'il s'en fût chargé, à peine de tous dépens, dom-

mages

mages & interêts ; comment se peut-il que le mari garant de la nullité de la Donation, pour ne l'avoir pas faite insinuer, transmette cette action passive à ses héritiers, & qu'il ne la leur transinette pas lorsqu'il s'est expressément assujetti lui-même à la garantie ? Comment se peut-il que les héritiers du mari soient de pire condition, lorsque le mari n'est ténu de la garantie que parce qu'il a négligé de faire insinuer, que lorsque le mari s'y est expressément assujetti ? De pire condition, disons-nous, puisque dans le premier cas ils ne peuvent opposer le défaut d'Insinuation, & qu'ils le peuvent dans le second.

*Mr. Ricard* semble avoir prévû cette difficulté, lors qu'il dit en la *page* 279. *Tom.* 1. qu'il faut distinguer en la personne du mari Donateur, ces différentes qualités, celle de mari avec celle de Donateur, que véritablement les héritiers du mari comme Donateur, ne sont ténus d'aucune garantie pour le défaut d'Insinuation, & peuvent par conséquent l'opposer à la femme Donataire, ayant à s'imputer de n'avoir pas elle-même fait insinuer ; mais que les héritiers du Donateur, comme mari, ne peuvent échapper à la garantie, parce que le mari étoit ténu, en cette qualité, à veiller à ce que la Donation fût parfaite & revêtuë de toutes les formalités réquises : il y a peut-être, un peu trop de subtilité dans cette distinction ; & je ne sçai si sans autre raisonnement, il ne conviendroit pas mieux de dire, que si les héritiers du mari ne peuvent opposer le défaut d'Insinuation d'une Donation que le mari a fait lui-même à sa femme, ou ce qui est la même chose, si la femme peut exercer contre les héritiers du mari le même recours, qu'elle ou ses héritiers, auroient pû exercer contre le mari lui-même ; c'est parce que nous avons une Loi qui le décide ainsi, comme nous avons aussi une Loi qui décharge les héritiers du Donateur, de l'engagement pris par le Donateur de faire insinuer, & qui malgré cet engagement, leur permet d'attaquer & faire déclarer nulle la Donation non insinuée, quand même, dit l'Ordonnance, il s'agiroit des Donations faites par d'autres que par le mari; mais quel est donc le cas où le mari, ses héritiers ou ayant cause, pourroient avoir interêt à attaquer par le défaut d'Insinuation, une Donation faite par d'autres que par le mari? Je n'en vois point d'autre que celui ou le mari, ou ses héritiers, seroient ou héritiers, ou Créanciers du Donateur.

Il est dit en l'Article 131. de l'Ordonnance de 1629. que ce délai de quatre mois pour l'Insinuation des Donations faites à la femme par Contrat de mariage, ne commencera à courir que du jour du decès du mari; & là-dessus les Auteurs ont fait des dissertations infinies sur la question, sçavoir, si l'Insinuation dans les quatre mois après le decès étoit nécessaire, même par rapport aux héritiers du mari, ou par rapport seulement aux Créanciers; ou si n'étant nécessaire que par rapport aux Créanciers, elle avoit à leur préjudice un effèt rétroactif au jour de la Donation? Mais la disposition de cette Ordonnance n'étant point rappellée par celle que nous expliquons, il y a lieu de la regarder comme abrogée: & en effèt, il semble que puisque l'Article 28. permet à la femme d'opposer le défaut d'Insinuation, sauf le recours de la femme contre le mari ou ses héritiers, & sans que, sous prétexte de leur insolvabilité, la Donation puisse être declarée valable; on peut conclure que par rapport aux Créanciers, l'Insinuation faite après les quatre mois du jour de la Donation, soit pendant la vie, ou après le decès du Donateur, seroit sans effèt, comme on peut conclure de celui-ci, que le défaut d'Insinuation ne peut en aucun tems être opposé par les héritiers du mari: *Boniface, Tome premier, pag.* 465. *&* 466. *Loüet, lettre D. Chap.* 4. *& lettre* I. *Catellan, Tom.* 2. *page* 225. *Ricard, Tom. premier, pag.* 279. *&* 280. *Henry, Tome* 2. *page* 857.

# ARTICLE XXXI.

**Les Tuteurs, Curateurs, Adminiſtrateurs ou autres, qui par leur qualité ſont ténus de faire inſinuer les Donations faites par eux ou par d'autres perſonnes aux Mineurs ou autres, étant ſous leur autorité, ne pourront pareillement ni leurs héritiers ou ayant cauſe, oppoſer le défaut d'Inſinuation auſdits Mineurs ou autres Donataires dont ils ont eu l'adminiſtration, ni à leurs héritiers ou ayant cauſe.**

TOut ce que l'Ordonnance a ſtatué dans les Articles précédens en faveur de la femme contre le mari, elle l'applique ici aux Mineurs contre leurs Tuteurs ou Curateurs; c'eſt-à-dire, que comme le mari, ni ſes héritiers, ne pourront oppoſer le défaut d'Inſinuation à la femme, ſoit que la Donation ait été faite par le mari même ou par d'autres perſonnes: les Tuteurs ou Curateurs, & leurs héritiers, ne peuvent pas non plus l'oppoſer aux Mineurs, ſoit que la Donation leur ait été faite par les Tuteurs eux-même ou par d'autres; les Tuteurs & les Curateurs auſſi obligés pour le moins, de veiller aux interêts de ceux qui ſont ſous leur autorité, que peut l'être le mari de veiller aux interêts de ſa femme.

L'Ordonnance, en parlant des Donations faites aux Pupilles ou Mineurs par les Tuteurs, Curateurs, ou par d'autres perſonnes, ſuppoſe que les Tuteurs & Curateurs peuvent donner à leurs Pupilles, & la choſe en effèt, ne peut recevoir de difficulté; mais les Pupilles & les Mineurs, peuvent-ils aussi de leur côté donner aux Tuteurs & Curateurs ? Non, ils ne le peuvent point : " Déclarons, dit l'Article 131. de l'Ordonnance de 1539. toutes dispositions „d'entre--vifs ou testamentaires, qui seront ci-après faites „par les Donateurs ou Testateurs, au profit & utilité de „leurs Tuteurs, Curateurs & autres leurs Administrateurs, „nulles & de nul effet „; s'il y a exception à la règle, c'est uniquement en faveur des ascendans ; les Arrêts s'étant en cela conformés à la disposition de la Coûtume de Paris, qui dit en l'Article 276. " pourront toutefois les mineurs „disposer en faveur de leur père, mère, ayeul, ayeule, „& autres ascendans, encore qu'ils soient de la qualité „susdite, pourveu que ledit père, mère, & autres ascen-„dans, ne soient remariés, *Ricard*, *Tome premier*, *page* 101. *&* 102. *Bardet*, *Tome premier*, *pag.* 152.

## ARTICLE XXXII.

Les Mineurs, l'Eglise, les Hôpitaux, Communautés, ou autres qui joüissent du privilège des Mineurs, ne pourront être restitués contre le défaut d'Insinuation, sauf leur recours tel que de droit contre leurs Tuteurs ou Administrateurs, & sans que la restitution puisse avoir lieu, quand même lesdits Tuteurs ou Administrateurs se trouveroient insolvables.

ON voit par la disposition de cet Article & de ceux qui précèdent, que l'esprit de l'Ordonnance est toûjours celui de regarder une Donation non insinuée comme absolument nulle, lors même que le défaut d'Insinuation ne peut être imputé au Donataire ; car si dans l'espèce de l'Article 30. les héritiers du mari ne peuvent se prévaloir du défaut d'Insinuation, non plus que les Tuteurs & Curateurs, dans l'espèce de l'Article 31. ce n'est point que la Donation soit un titre valable pour le Donataire ; mais parce qu'ils ne sçauroient opposer une nullité qui est du fait de leur Auteur, puisque c'est à leur Auteur à veiller que l'Insinuation soit faite : & si l'Ordonnance permet, sçavoir, à la femme ou à ses héritiers de recourir sur le mari ou sur ses héritiers, & aux Mineurs de recourir sur leur Tuteur, c'est toûjours avec la clause, sans qu'en aucun cas & sous prétexte d'insolvabilité, la Donation puisse être confirmée ; ensorte que les biens du mari ou du Tuteur se trouvant insuffisans pour la garantie de la femme ou du Mineur, à concurrence de la valeur des choses données ; ceux qui ont contracté depuis la Donation avec le Tuteur ou le mari Donateur, ne peuvent être recherchés par la femme ou le Mineur Donataire.

On trouve des Arrêts du Parlement de Paris qui ont restitué les Mineurs envers le défaut d'Insinuation ; *Loüet, Lettre D. Chap.* 58. *Le Prêtre Cent. première, Chap.* 44. & on en trouve aussi qui ont declaré le Mineur irrecevable ; mais dorêsnavant, il n'y aura plus là-dessus diversité d'avis ni de jugemens : l'Article que nous expliquons interdit aux Mineurs & à tous autres qui joüissent du privilège des Mineurs, toute espèrance de restitution en entier. Avant cette Ordonnance, & par la Jurisprudence du Parlement de Toulouse, les Mineurs n'avoient, sur cette matière, aucun avantage sur les Majeurs ; le défaut d'Insinuation, comme nous avons observé plus d'une fois, ne pouvant être opposé ni aux uns ni aux autres par les héritiers du Donateur, & n'y ayant point de privilège qui pût faire valoir une Donation non insinuée, au préjudice des Créanciers & Tiers-Acquereurs.

L'Article 20. avoit dejà assujetti les Donations faites à l'Eglise, même avec charge de service ou de fondation à la nécessité d'être insinuées, à peine de nullité ; & sans doute que cette nullité, ainsi prononcée par l'Ordonnance, n'auroit pû être emportée par des Lettres de restitution en entier, suivant les principes que nous avons établi en expliquant l'Article 14. : mais quoiqu'il en soit, par une précaution qui sera, si l'on veut, surabondante ; cet Article ajoûte que la nullité est telle, qu'il n'est point de moyen ou de privilège par lequel on puisse espèrer d'en être relevé.

## ARTICLE XXXIII.

CEt Article n'a bésoin d'aucune explication, & n'a d'ailleurs rien de fort interessant pour nous ; il declare n'avoir entendu comprendre dans la disposition des Articles précédens, concernant l'Insinuation, les Païs du Ressort de Flandres.

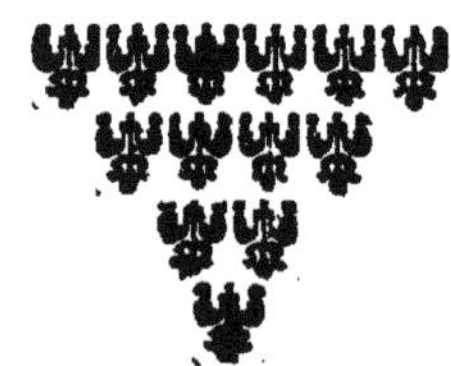

## ARTICLE XXXIV.

**Si les biens que le Donateur aura laiſſés en mourant ſans en avoir diſpoſé, ou ſans l'avoir fait autrement que par des diſpoſitions de dernière volonté, ne ſuffiſent pas pour fournir la lègitime des enfans, eu égard à la totalité des biens compris dans les Donations entre-vifs par lui faites, & de ceux qui n'y ſont pas renfermés, ladite lègitime ſera priſe premièrement ſur la dernière Donation, & ſubſidiairement ſur les autres, en rémontant des dernières aux premières; & en cas qu'un ou pluſieurs des Donataires ſoient du nombre des enfans du Donateur, qui auroient eu droit de demander leur lègitime ſans la Donation qui leur a été faite, ils retiendront les biens à eux donnés juſqu'a concurrence de la valeur de leur lègitime, & ils ne ſeront ténus de la lègitime des autres que pour l'excèdant.**

LES Coûtumes ont différemment règlé la quotité de la lègitime appartenant aux enfans; la Coûtume de Paris, par exemple, la règle en l'Article 298. à la moitié de telle part & portion, que chaque enfant eût eu à la ſucceſſion de ſes Pères & Mères. Ayeuls & Ayeules, ou autres aſcendans, ſi ledit père & mère, & autres aſcendans, n'euſſent diſpoſé par Donation d'entre-vifs, ou de dernière volonté: mais dans tous les Païs règis par le Droit écrit, on s'est conformé à la disposition de la Novelle 18. *de triente & semisse*, qui substituë à la quarte que donnoit l'ancien Droit, le tiers ou la moitié, suivant que le nombre des enfans est plus ou moins grand; le tiers, si les enfans sont du nombre de quatre ou au-dessous; la moitié, s'ils sont au nombre de cinq ou au-dessus.

La légitime se règle suivant la Loi, *cùm quaritur*, *Cod. de inofficioso test.* par rapport aux biens que le père ou la mère a laissé en mourant; mais il est remarquable, que si le père ou la mère, pendant sa vie, a épuisé ou diminué son Patrimoine par des Donations faites en faveur de ses enfans, les biens donnés entrent dans la composition du Patrimoine, & grossissent d'autant la légitime. Un père, par exemple, ayant 100000. livres de biens, en donne 50000. à son fils aîné, en le mariant, les autres enfans légitimeront sur l'entière somme de 100000. liv. & c'est ce que l'Ordonnance nous fait ici entendre, lorsqu'elle dit: « si les biens que le Donateur aura laissé, en mourant, ne suffisent pas pour fournir la lègitime des enfans, eu égard à la totalité des biens compris dans les Donations entre-vifs par lui faites, & de ceux qui n'y sont pas renfermès; » les biens que le père ou la mère a donné entre-vifs à quelqu'un de ses enfans, rentrent, disons-nous, dans la masse, à l'effet de règler les lègitimes; la chose est sans difficulté: toutes les Donations que fait, pendant sa vie, un père ou une mère à ses enfans, regardées comme faites en avancement d'hoirie; mais en est-il de même des Donations que le père ou la mère a faites à des personnes étrangères? Quelques Auteurs, du nombre desquels est, *Duperier*, *Liv.* 1. *quest.* 2. ont décidé que non: & nous trouvons, en effet, dans *Cambolas*, *Liv.* 4. *Chap.* 31. un Arrêt qui le juge ainsi, en ce que déclarant la légitime d'une mére sur les biens de sa fille, consister au tiers de tous ses biens; déclara en même-tems qu'une somme de 3000. liv. que la femme avoit donné à son

son mari dans le Contrat de mariage, devoit être relevée, & ne pas entrer dans la composition du Patrimoine; cependant l'opinion contraire a prévalu dans l'usage : on ne distingue point sur cette matière les Donations faites aux étrangers, de celles qui sont faites aux enfans; on fait entrer les unes & les autres dans la composition du Patrimoine : & c'est ce que l'Ordonnance nous fait encore entendre; ou pour mieux dire, ce qu'elle suppose, lorsque, après avoir parlé de la légitime des enfans, eu égard à la totalité des biens compris dans les Donations entre-vifs faites par le père ou la mère, & de ceux qui n'y sont pas renfermés, elle prévoit le cas où l'un ou plusieurs Donataires seroient du nombre des enfans du Donateur qui auroient eu droit de demander leur légitime sans la Donation qui leur a été faite, leur permettant de retenir les biens à eux donnés jusqu'à concurrence de la valeur de leur légitime : l'Ordonnance parle de la composition du Patrimoine, eu égard à la totalité des biens compris dans les Donations, sans distinguer les Donations faites aux enfans, de celles qui pourroient avoir été faites à des étrangers; elle les distingue ensuite, mais à l'effêt seulement de regler la manière en laquelle les unes & les autres peuvent & doivent être retranchées; il est évident que l'Ordonnance entend & suppose, qu'à l'effêt de regler les légitimes; les Donations faites à des étrangers, ne doivent pas moins entrer dans la composition de Patrimoine, que celles qui sont faites en faveur des enfans. Si dans l'espèce de l'Arrêt rapporté par Cambolas, la somme de 3000. liv. que la femme, par le Contrat de mariage, avoit donnée à son mari, fut prelevée, il est vraisemblable qu'on regarda cette Donation comme faite à titre d'Augment : une Donation faite à ce titre, regardée en effêt comme une dette, qui comme telle, doit être déduite du Patrimoine; *quarta accipitur deducto ære alieno & funeris impensâ L. Papinianus* 8. §. 9. *ff. de inoff. test.*

Cet Article prévoyant donc, comme nous avons dit, le cas où les biens délaissés par le Donateur, ne suffisoient pas pour fournir la légitime des enfans, eu égard à la totalité des biens compris dans les Donations, ordonne que la légitime sera prise, premièrement sur la dernière Donation, & subsidiairement sur les autres, en remontant des dernières aux premières ; & il ne fait en cela que se conformer à la Jurisprudence reçûë dans ce Parlement, telle qu'on peut la voir attestée par *Cambolas, Liv.* 3. *Chap.* 30. *Mainard, Liv.* 6. *Chap.* 20. *&* 21. *Laroche & Graverol, Liv.* 6. *Tit.* 63. *Art.* 14. cette Jurisprudence fondée sur la disposition du Droit, *toto Tit. Cod. de inoff. Donat.*

Tous les Parlemens du Royaume avoient bien adopté la Jurisprudence du Droit, en ce qui regarde le retranchement des Donations inofficieuses pour la légitime des enfans ; mais il y en avoit, où le retranchement se faisoit indifféremment sur toutes les Donations ; c'est-à-dire, où la légitime se prenoit par contribution sur toutes les Donations ; & c'est cet usage que l'Ordonnance abroge en faisant tomber le retranchement sur la dernière Donation, & ne permettant de retrancher les Donations antérieures, que subsidiairement & en cas d'insuffisance ; elle abroge cet usage avec raison, parce qu'enfin les biens donnés n'étant plus dans le Patrimoine du Donateur, & demeurant acquis irrévocablement au Donataire, il ne doit pas être au pouvoir du Donateur de venir contre son propre fait, ou d'y venir du moins indirectement, comme il le pourroit sans doute, si la légitime se prenoit indifféremment & par contribution sur toutes les Donations, par la facilité qu'il y auroit à donner lieu au retranchement par les Donations postérieures.

“ Et en cas, dit l'Ordonnance, un ou plusieurs Dona-
„ taires soient du nombre des enfans du Donateur qui au-
„ roient eu droit de demander leur légitime sur la Dona-

„ tion qui leur a été faite, &c. „ parce qu'en effet, c'est aujourd'hui une Jurisprudence reçûë dans tous les Parlemens du Royaume, que toute Donation entre-vifs est imputée en la légitime du fils Donataire, en quoi on s'est éloigné de la disposition du Droit Romain, suivant lequel les Donations ne devoient être imputées en la légitime qu'en deux cas. 1°. Lorsqu'elles avoient été faites par constitution de Dot, ou à cause de Nôces. 2°. Lorsqu'elles avoient été faites sous la condition expresse de l'imputation, *hâc tamen contemplatione ut in quartam haberetur*; on n'oblige point un fils d'imputer sur la légitime ce que le père a dépensé pour son éducation; les frais faits, par exemple, pour le tenir dans une Université ou Academie, ou ce qu'il lui a donné pour aller à l'Armée, en armes, chevaux, équipages, &c. Mais on l'oblige d'imputer ce que son père a dépensé pour son établissement: on peut voir dans *Catellan* un Arrêt qui ordonna l'imputation d'une somme de 1400. liv. que le père avoit payée pour faire son fils en bas âge, Chevalier de Malthe, quoique le fils devenu Majeur, déclara qu'il vouloit quitter cet état. *Catellan*, *Liv.* 2. *Chap.* 64. *d'Olive*, *Liv.* 5. *Chap.* 30. *Cambolas*, *Liv.* 2. *Chap.* 16.

De-là que la Donation entre-vifs est imputée en la légitime, on peut conclurre que si la légitime est remplie par la Donation, le fils Donataire n'a aucun prétexte de se plaindre ou d'attaquer le Testament du père dans lequel il se trouve préterit; & si dans le premier *Tome du Jour. du Palais*, *p.* 267. on trouve des Arrêts du Parlement de Paris, qui ont déclaré nuls des Testamens par la préterition des filles que le père avoit marié & doté pendant sa vie, c'est parce que le Parlement de Paris suit plus rigoureusement que ne fait le Parlement de Toulouse la disposition de la Novelle 115. Chap. 3. qui veut que la légitime soit laissée aux enfans, & ne puisse leur être laissée que sous le titre honorable d'institution *non licere penitùs patri vel matri liberos preterire aut exheredes in suo Testamento facere nec si per quamlibet Donationem, vel Legatum, vel Fideicommissum, vel alium quemcumque titulum eis dederit legibus debitam portionem* : Je dis que le Parlement de Paris suit en cela plus rigoureusement la disposition de la Novelle 115. que le Parlement de Toulouse, *Catellan*, *Liv.* 2. *Chap.* 33. parce que celui-ci ne regarde comme une nullité l'omission d'instituer en la légitime, que dans le cas où le père ou la mère ont institué un étranger, se conformant toutes les fois qu'un des enfans est institué héritier à la Novelle 118. d'où a été prise l'authentique *novissima*, *Cod. de inofficioso Testamento*, qui décide que la légitime peut être laissée aux enfans *quoquo relicto titulo*, un père ou une mère, qui pendant sa vie a fait Donation à quelqu'un de ses enfans, peut prévénir aiséinent tout sujèt de contestation, en instituant par son Testament le fils Donataire en la chose donnée.

Lorsque nous avons dit ci-dessus, que tout ce que le père ou la mère a donné pendant sa vie, entre dans la composition du Patrimoine, à l'effèt de reglér les légitimes, nous n'avons pas entendu parler des Dots payées par le père ou la mère pour l'entrée de Réligion de leur fille, les Arrêts ayant jugé que comme les filles Réligieuses, *nec faciunt partem*, *nec admittuntur ad partem*, ce qui leur avoit été donné, ne pouvoit servir à augmenter la légitime des autres enfans ; le Parlement de Toulouse le jugea ainsi en 1715. en la Cause des sieurs Coudercs & Souliers.

## ARTICLE XXXV.

**La Dot, même celle qui aura été fournie en deniers, sera pareillement sujette au retranchement pour la légitime dans l'ordre prescrit par l'Article précédent, ce qui aura lieu, soit que la légitime soit demandée pendant la vie du mari, ou qu'elle ne le soit qu'après sa mort, & quand il auroit joüi de la Dot pendant plus de trente ans, ou quand même la fille dotée auroit rénoncé à la succession par son Contrat de mariage ou autrement, ou qu'elle en seroit excluse de droit, suivant la disposition des Loix, Coûtumes ou Usages.**

CET Article fait un changement en la Jurisprudence du Parlement de Toulouse; & pour le comprendre, il n'y a qu'à rappeller ce que nous avons dit en expliquant l'Article qui précéde, que le retranchement des Donations inofficieuses se fait toûjours sur la dernière, & subsidiairement sur les autres, en remontant des dernières aux premières, le Parlement de Toulouse observoit cette gradation avant la nouvelle Ordonnance; mais il exceptoit de la régle les Dots, qui quoique inofficieuses n'étoient sujettes au retranchement qu'après la mort du mari; le mari pendant sa vie regardé comme créancier, à raison de la Dot sur la foi de laquelle il avoit contracté, & comme tel préféré aux légitimes, *d'Olive*, *Liv.* 3. *Chap.* 29. *Catellan*, *Liv.* 4. *Chap.* 65. or cet usage ou cette exception que l'Ordonnance abroge, & qu'elle abroge avec raison, parce qu'enfin, quelque favorable que puisse être le mari à raison de la Dot, on ne peut dissimuler que les enfans ne le soient encore plus pour leur légitime, & qu'à cet égard la qualité de créancier de leur père ou mère ne leur convienne encore mieux qu'au mari ; s'il paroissoit injuste d'arracher au mari une Dot destinée à supporter les charges du mariage, y avoit-il plus de justice à renvoyer après la mort du mari le payement de la légitime dûë aux enfans, & qui devoit servir à leurs alimens; le payement de la légitime renvoyé après la mort du mari, entraînoit cet inconvénient, que les enfans se trouvoient sans légitime, tandis que leurs sœurs étoient richement dotées & qu'ils pouvoient se trouver sans légitime par le fait de leur père & mère, à qui il étoit aisé d'épuiser leur Patrimoine par des Dots immenses.

"La Dot même, dit l'Ordonnance, qui auroit été four-"nie en deniers, &c. parce qu'il y avoit des Auteurs & qu'on trouvoit même des Arrêts qui avoient distingué si la Dot consistoit en argent ou en fonds, & qui dans le premier cas encore avoient distingué si la Dot avoit été payée, ou si elle étoit dûë en tout ou en partie, le mari regardé comme beaucoup plus favorable lorsque la Dot lui avoit été payée en argent, que lorsqu'elle lui avoit été payée en fonds; & plus favorable aussi lorsque la Dot lui avoit été réellement comptée, que lorsqu'elle lui étoit encore dûë.

Soit que la légitime soit demandée pendant la vie du mari, ou qu'elle ne le soit qu'après sa mort, &c. Je ne sçache point qu'il y eût de Parlement dans le Royaume, qui déclarât la Dot inofficieuse sujette au retranchement après la mort du mari, l'interêt du mari qu'on regardoit comme créancier, & par-là plus favorable que les légitimaires, ne faisant que suspendre pendant sa vie l'action des légitimaires.

Quand il auroit joüi de la Dot pendant plus de trente ans, parce que l'action des légitimaires étant suspenduë pendant la vie du père & de la mère, nulle prescription ne peut courir utilement contr'eux que du jour qu'ils ont pû agir ; c'est-à-dire, du jour que le père ou la mère sont decédés *contrà non valentem agere non currit prescriptio*, &c.

Ou quand même la fille dotée auroit rénoncé à la succession par son Contrat de mariage, &c. Parce qu'on doutoit si la Dot d'une fille qui avoit rénoncé, pouvoit être retranchée, même après la mort du mari. J'estime, dit *Ricard*, *Tom.* 1. *pag.* 664. que la fille qui a ainsi rénoncé, ne doit rien rapporter de sa Dot, n'étant pas juste que ne pouvant gagner, elle puisse perdre ; c'est un hasard qu'elle a pris, qui étoit attaché à l'incertitude de la fortune, & qui eût été à son dèsavantage, si son père eût augmenté de biens, comme dans l'évenement, il lui est utile dans la decadence des biens de son père, &c. L'effèt de ces rénonciations qui sont fréquentes dans les Païs coûtumiers, est celui d'exclurre les filles qui ont ainsi rénoncé dans leur Contrat de mariage, de tout supplement de légitime ; mais il en est autrement dans les Païs du Droit écrit, où suivant la décision de la Loi *Si quandò*. §. 2. *Cod. de inoffi. Testamento*, la rénonciation n'est jamais un obstacle à la demande du supplement, que le fils ou la fille, sans distinction, peut former pendant trente ans à compter du decès du père & de la mère, & jusques-là que le fils ou la fille, pour former cette demande, n'ont point bésoin de Lettres pour être relevés & restitués en entier ; & les Lettres pour y parvenir n'étant nécessaires que lorsqu'il y a de la part du fils ou de la fille une rénonciation spéciale à tout supplement, le fils & la fille obligés en cas de rénonciation spéciale, & non autrement, de se pourvoir dans le délai & dans la forme que doivent être intentées les actions rescisoires, *Laroche & Graverol sous le mot légitime*, *pag.* 200. *Cambolas*, *Liv.* 2. *pag.* 32. *Mainard*, *Liv.* 7. *Chap.* 6. *Catellan*, *Liv.* 2. *Chap.* 36. *Ferrière sur Gui-Pape*, *question.* 427.

## ARTICLE XXXVI.

Dans le cas où la Donation des biens préſens & à venir, pour le tout ou pour partie, a été autoriſée par l'Article 17. ſi elle comprend la totalité deſdits biens préſens & à venir, le Donataire ſera ténu indeffiniment de payer les légitimes des enfans du Donateur, ſoit qu'il en ait été chargé nommément par la Donation, ſoit que cette charge n'y ait pas été exprimée ; & lorſque la Donation ne contiendra qu'une partie des biens préſens & à venir, le Donataire ne ſera obligé de payer leſdites légitimes au delà de ce dont il en peut être ténu de droit, ſuivant l'Article 34. qu'en cas qu'il en ait été expreſſement chargé par la Donation, & non autrement, auquel cas d'expreſſion de ladite charge, le Donataire ſera ténu directement & avant tous les autres Donataires, quoique poſtérieurs, d'acquitter leſdites légitimes pour la part & portion dont il aura été chargé dans la Donation, & ſi ladite portion n'y a pas été expreſſement déterminée, elle demeurera fixée à telle & ſemblable portion que celle pour laquelle les biens préſens & à venir ſe trouveront compris dans la Donation, ſauf au Donataire dans tous les cas portés par le préſent Article de rénoncer, ſi bon lui ſemble, à la Donation.

DANS le cas où la Donation des biens présens & à venir, a été autorisée par l'Article 17. &c. Ce cas est celui-ci, ou la Donation est faite par Contrat & en faveur de mariage, en tout autre cas, nulle Donation entre-vifs ne peut comprendre par la disposition de l'Article 14. d'autres biens que ceux appartenans au Donateur lors de la Donation.

Le Donataire sera ténu indéfiniment de payer les légitimes, &c. lorsque la Donation est de tous biens présens & à venir, il faut bien nécessairement que le Donataire soit ténu de payer les légitimes, sans distinguer s'il en a été chargé ou non par la Donation; les légitimes sont, en défaut d'autres biens, une charge des biens donnés, & un Donataire universel est regardé d'ailleurs comme étant *loco hæredis*; ce qui a fait douter pendant long-tems, s'il pouvoit être reçû à répudier, lorsqu'il ne se trouvoit point d'Inventaire fait avant ou après le decès du Donateur.

Et lorsque la Donation ne contiendra qu'une partie des biens présens & à venir, le Donataire ne sera obligé de payer les légitimes qu'en cas il en ait été expressément chargé par la Donation, &c. Il ne faut pas perdre de vûë que l'Ordonnance parle toûjours d'une Donation faite en faveur de mariage, la Donation de partie des biens présens & à venir n'étant pas moins prohibée en tout autre cas que celle qui comprendroit la totalité des biens; & il ne faut pas perdre de vûë non plus, qne s'il n'est permis de donner les biens présens & à venir, en tout ni en partie, qu'en faveur du mariage; il n'y a aussi que les Donations faites en faveur de mariage, qui puissent être chargées du payement des légitimes, soit qu'elles comprennent les biens présens seulement, ou qu'elles comprennent les biens à venir; il n'y a pour cela qu'à rappeller ou réünir la disposition des Articles 15. 16. 17. & 18. les deux premiers prohibent; sçavoir, l'Article 15. de donner aucuns biens présens & à venir, & l'Article 16. décharge le Donataire des biens présens, (les seuls que l'on peut donner) du payement des légitimes, le tout à peine de nullité des Donations ; & les deux suivans permettent, sçavoir, l'Article 17. de donner en faveur de mariage les biens à venir, en tout ou en partie, de même que les biens présens ; & l'Article 18. d'assujettir une Donation des biens présens seulement & faite en faveur de mariage, au payement des légitimes.

L'Ordonnance dit donc, „ que le Donataire de partie des „ biens présens & à venir, ne sera obligé de payer les „ légitimes, qu'en cas il en ait été chargé expressément ; „ & en ce cas, elle fait un changement en la Jurisprudence du Parlement de Toulouse, où on jugeoit constament que le Donataire, par exemple, de la moitié des biens présens & à venir avec la moitié des charges, étoit ténu de payer la moitié des légitimes, quoiqu'il n'en eût pas été autrement chargé, le payement des légitimes n'étant point rejetté sur le Donateur & sur la moitié des biens reservée ; par cette raison entr'autres, qu'allégue *Cambolas*, *Liv.* 4. *Chap.* 7. que les légitimes étant regardées comme une dette, *debitum bonorum subsidium* ; on pouvoit les regarder comme une charge des biens du Donateur lors de la Donation, que le droit avoit acquis aux enfans pendant la vie de leur père, & que c'étoit seulement l'exercice de l'action qui étoit différé jusques au tems du decès ; le père au surplus, regardé si fort comme débiteur, même pendant sa vie, à raison de la légitime qu'on l'oblige en divers cas d'anticiper le payement, comme pour doter ses filles, quoique mariées contre sa volonté pour racheter ses enfans détenus en Captivité, ou détenus en prison pour crime ; on jugeoit bien que le Donataire des biens francs & quittes, ainsi que le Donataire de la moitié des biens simplement, sans ajoûter francs & quittes, & sans faire aucune mention des charges, n'étoit point ténu de contribuer au payement des légitimes ; mais encore une fois, on jugeoit que la condition imposée au Donataire de payer la moitié des charges, assujettissoit le Donataire au payement de la moitié des légitimes : or c'est-là ce que abroge l'Article que nous expliquons ; la charge ou la condition de contribuer au payement des légitimes doit être expresse, & il n'y peut être suppléé par aucune clause.

Au-delà de ce dont il en peut être ténu de droit, suivant l'Article 34. &c. c'est-à-dire, que le Donataire, soit qu'il ait été chargé du payement des légitimes ou non, est toûjours ténu de les payer, ou de contribuer au payement, lorsque la Donation est inofficieuse & qu'elle est telle par l'insuffisance des biens *extans* lors du decès du Donateur ; c'est en ce sens que l'Ordonnance dit en cet Article, " que la Donation faite en faveur de mariage, & „ non expressement chargée du payement des légitimes, „ n'en est pas ténuë au-delà de ce dont elle en peut être „ ténuë de droit ; „ & c'est en ce sens encore que l'Article 16. déclare nulles les Donations des biens présens, toutes les fois que le Donataire est assujetti au-delà aussi de ce dont il peut être ténu de droit au payement des légitimes.

Auquel cas d'expression de ladite charge, le Donataire sera ténu directement & avant les autres Donataires, quoique postérieurs, d'acquitter les légitimes, &c. C'est-à-dire, qu'à l'égard du Donataire, qui par l'Acte de Donation a été nommément & expressement chargé de payer ou de contribuer au payement des légitimes ; on ne suit point la gradation ou l'ordre que l'Article 34. veut être observé entre plusieurs Donataires, en faisant tomber le retranchement sur la dernière Donation, & subsidiairement sur les autres, en remontant des dernières aux premières ; un Donataire nommément chargé du payement des légitimes, ne peut point renvoyer les enfans sur les Donataires postérieurs ; il en est ténu directement, & il doit, ou les payer suivant son engagement, ou rénoncer à la Donation.

Du reste, quoique cet Article ne parle que du Donataire des biens présens & à venir, je ne vois rien qui empêche d'en appliquer aussi la décision au Donataire des biens présens; dans le cas, où suivant l'Article 18 le Donataire peut être chargé du payement des légitimes; c'est-à-dire, lorsque la Donation est faite par Contrat & en faveur du mariage.

## ARTICLE XXXVII.

Si néanmoins le Donataire, par Contrat de mariage de la totalité ou de la partie des biens présens & à venir, déclare qu'il opte de s'en ténir aux biens qui appartenoient au Donateur au tems de la Donation, & qu'il rénonce aux biens postérieurement acquis par ledit Donateur, suivant la faculté qu'il lui est accordée par l'Article 17. les légitimes des enfans se prendront sur lesdits biens postérieurement acquis, s'ils suffisent, sinon, ce qui s'en manquera, sera pris sur tous les biens qui appartenoient au Donateur dans le tems de la Donation, si elle comprend la totalité desd. biens, & en cas que la Donation ne soit que d'une partie des biens, & qu'il y ait plusieurs Donataires; la disposition de l'Article 34. sera observée entr'eux selon sa forme & téneur.

CEt Article n'ajoûteroit rien à l'Article 17. s'il ne faisoit que déferer l'option au Donataire des biens présens & à venir, en tout ou en partie, & lui donner la liberté de prendre la Donation, ou du tems qu'elle a été faite, ou du tems du decès du Donateur ; mais il ajoûte, & en ceci il contient des dispositions singulières & nouvelles : " Que le Donataire optant du jour de la „ Donation, & rénonçant aux biens postérieurement acquis „ par le Donateur ; les légitimes qu'il s'est obligé de payer „ par l'Acte de Donation, se prendront sur les biens pos„ térieurement acquis, la Donation sujette au retranche„ ment, en cas d'insuffisance seulement ; ainsi & en la „ manière qu'il est expliqué en l'Article 34. „ Un père donne à son fils, en le mariant, la moitié de ses biens présens & à venir, à la charge par le fils Donataire, de payer la moitié des légitimes : le père meurt, & le fils opte la Donation du jour qu'elle a été faite, en rénonçant aux biens postérieurement acquis : les héritiers du père ne s'opposent pas à l'option, mais ils prétendent que le fils Donataire n'est pas moins ténu du payement des légitimes ; charge, disent-ils, inhérente à la Donation imposée lors de la Donation, comme une condition sans laquelle le père n'auroit point donné, & qu'on ne peut mettre par conséquent au nombre des dettes contractées depuis.

L'Ordonnance, comme l'on voit, condamne cette prétention des héritiers, en renvoyant les Légitimaires sur les acquisitions postérieures ; en sorte que si, à cette Donation chargée du payement des légitimes, il y en a une postérieure, celle-ci sera exposée la première au retranchement.

Pour entrer dans le motif de cette décision, il n'y a qu'à rappeller ce que nous avons dit en expliquant l'Article qui précéde, qu'un Donataire ne peut être ténu du payement des légitimes, qu'au cas il en ait été nommément chargé lors de la Donation ; qu'un Donataire, par exemple, de la moitié des biens, ne doit point contribuer au payement des légitimes, de cela que la Donation lui a été faite sous la condition d'acquiter la moitié des charges ; que la condition, en un mot, de payer les légirimes doit être expresse, & qu'il n'y peut être supplée par aucune clause; que cette condition doit être expresse, sans quoi les légitimes ne sont point comprises sous le nom de charges, ou du moins sous le nom de charges existantes lors de la Donation. Si l'esprit de l'Ordonnance est tel, que les légitimes ne doivent pas être regardées comme des charges existantes lors de la Donation, à l'effèt d'y assujettir le Donataire d'une partie des biens présens & à venir, quoique la Donation soit faite sous la condition de payer une partie des charges; il est aisé de comprendre pourquoi & dans quel sens l'Article que nous expliquons, permet au Donataire d'une partie des biens, & chargé nommément de contribuer au payement des légitimes, de se décharger de cette obligation, en rénonçant aux biens postérieurement acquis. Le Donataire de la moitié des biens avec la moitié des charges, n'est point ténu de payer la moitié des légitimes, comme des charges existantes lors de la Donation; & par la même raison aussi, c'est-à-dire, parce que l'Ordonnance ne regarde les légitimes que comme des charges créées depuis la Donation; le Donataire, quoique chargé expressement de les payer, peut s'affranchir de cette obligation en optant la Donation du jour qu'elle a été faite; puisque tel est l'effèt de l'option du jour de la Donation, que le Donataire, en rénonçant aux biens postérieurement acquis, n'est ténu que des dettes & charges créées & existantes lors de la Donation. On ne peut disconvenir que l'Ordonnance, en réformant notre Jurisprudence, s'est mieux conformée que nous ne faisions aux principes du Droit Romain, qui n'a jamais regardé les légitimes comme une dette ou une charge des biens paternels & maternels, que du jour du decès du père ou de la mère, *Leg. cùm quæritur*, *Cod. de inoff. test. L.* 1. §. *si impubere ff. de collatione bonorum.*

## ARTICLE XXXVIII.

**La prescription ne pourra commencer à courir en en faveur des Donataires contre les légitimaires, que du jour de la mort de ceux sur les biens desquels la légitime sera demandée.**

NOus l'avons dit en expliquant l'Article 35. l'action des légitimaires étant suspenduë, ou pour mieux dire, les légitimaires n'ayant aucune action pendant la vie des père & mère, pour le retranchement des Donations inofficieuses, il ne seroit pas juste que les donataires pussent se faire un titre de leur possession; & c'est en ce sens qu'il est dit en l'Article 35. „ Que la dot sera sujette au „ retranchement, quand même le mari en auroit joüi pendant plus de trente ans: nulle prescription ne peut courir contre les légitimaires, que du jour qu'ils ont pû agir; ils ne l'ont pû contre le donataire, que du jour du decès de leur père & mère, & par conséquent, &c.

# ARTICLE XXXIX.

Toutes Donations entre-vifs faites par personnes qui n'avoient point d'enfans ou descendans actuellement vivans dans le tems de la Donation, de quelque valeur que lesdites Donations puissent être, & à quelque titre qu'elles ayent été faites, & encore qu'elles fussent mutuelles ou rémuneratoires, même celles qui auroient été faites en faveur de mariage par autres que par les conjoints ou les ascendans, demeureront révoquées de plein droit, par la survenance d'un enfant légitime du Donateur même d'un posthume, ou par la légitimation d'un enfant naturel par mariage subséquent, & non par aucune autre sorte de légitimation.

L'Ordonnance en cet Article, & dans les six Articles suivans, ne fait qu'expliquer la manière en laquelle doit être entenduë & observée la Loi *si unquam*, *Cod. de revocandis Donat.* Loi fameuse par la révocation qui se fait des donations par la survenance des enfans du donateur, *si unquam libertis patronus filios non habens bona omnia vel partem aliquam facultatum fuerit Donatione largitus totum quidquid largitus fuerat, revertatur in ejusdem Donatoris arbitrio ac ditione mansurum.*

Toutes donations entre-vifs, &c. *Mr. Ricard*, *Tom. 1. pag.* 553. *&* 554. cherche à prouver par des longs raisonnemens, qu'il en doit être de même des liberalités faites par la disposition de dernière volonté, un Codicile, par exemple,

exemple, ou une Donation à cause de mort; mais nous trouvons la question bien oiseuse, si nous rappellons ce que nous avons observé sur le titre *de exheredatione liberorum*, au second Livre des Institutes, touchant l'inutilité de la clause codicillaire dans le Testament nul par la préterition d'un enfant ou d'un posthume, sur tout lorsque la préterition est faite *ignoranter*.

Toutes Donations entre vifs, faites par personnes qui n'avoient point d'enfans ou de descendans actuellement vivans lors de la Donation, &c. & par-là l'Ordonnance condamne l'opinion de ceux qui avoient cru la Donation non révoquée, lorsqu'elle avoit été faite par celui ou celle qui avoit eu précédament des enfans; *Catellan* étoit de ce nombre: car dans l'espèce de l'Arrêt qu'il rapporte *Liv.* 4. *Chap.* 41. & par lequel une Donation fut déclarée non révoquée *per supervenientiam liberorum*; il donne pour motif, ou comme une circonstance qui determina principalement les Juges, que la Donatrice avoit eu dejà plusieurs enfans qui étoient morts, & qu'ainsi elle sçavoit parfaitement jusques où pouvoit aller la tendresse maternelle: tous les Auteurs qui ont écrit sur cette matière ne manquent pas d'observer, qu'une des raisons qui donne lieu à la révocation, est prise de ce que celui ou celle qui donne, n'ayant point d'enfans, n'auroit jamais donné, si ces sentimens de tendresse lui avoient été connus.

De quelque valeur que les Donations puissent être, &c. & par-là l'Ordonnance condamne encore l'opinion de ceux qui ne croyoient pas la Donation révoquée, si elle n'étoit de la totalité ou d'une quotte des biens, fondés sur ces termes de la Loi, *si libertis bona omnia, vel partem aliquam bonorũ fuerit Donatione largitus, &c. Catellan*, *Tom.* 2. *pag.* 98. nous apprend qu'on ne distinguoit point dans ce tems-là, si la Donation étoit d'une partie des biens ou d'une chose particulière, & que l'on n'avoit aussi aucun égard au plus ou au moins de la valeur de la chose donnée; mais on jugeoit autrement dans le Parlement de Paris: on peut voir dans le premier Tome de *Bardet*, *pag.* 345. un Arrêt qui déclare non révoquée la Donation qu'avoit fait un Créancier à son Débiteur des sommes qui lui étoient dûës, quoique assés considérables ; & on en peut voir encore un semblable dans le premier Tome du *Journal des Audiences*, *pag.* 439.

A quelque titre qu'elles ayent été faites, &c. c'est-à-dire, que toute Donation, de quelque manière qu'elle ait été faite, ou de quelque nom qu'on la qualifie, est sujette à la révocation ; ainsi jugé par l'Arrêt que rapporte *Catellan*, *Tom.* 2. *pag.* 218. *&* 219. la rénonciation, à un droit établi & certain, fut regardée comme une Donation révocable par la survenance des enfans, quoique faite par Acte déguisé du nom de Transaction.

Et encore qu'elles fussent mutuelles ou rémunératoires, &c. Nous pouvons appliquer aux Donations rémunératoires, par rapport à la révocation, ce que nous en avons dit en expliquant l'Article 20. par rapport à l'Insinuation : n'y a-t'il dans l'Acte de Donation qu'une expression vague de services rendus par le Donataire ? La Donation en ce cas est sujette à la révocation ; mais les services sont-ils exprimés dans l'Acte de donation ; & ces services d'ailleurs sont-ils tels que le Donataire eût action contre le Donateur ? Point de difficulté en ce dernier cas, qu'à concurrence, dumoins de la valeur des services, la donation ne doive subsister malgré la survenance des enfans, le tout suivant les Arrêts rapportés par d'*Olive*, *Liv.* 4. *Chap.* 7. par *Catellan*, *Liv.* 4. *pag.* 99. & par *Loüet*, *lettre D. Chap.* 52.

Même celles qui auroient été faites en faveur de mariage, par autres que par les conjoints, &c. on doutoit autrefois, si la faveur du mariage n'étoit point un obstacle à la révocation des donations, & de celles-là sur tout, qui étoient faites au mari, regardé comme Créancier à raison des charges qu'il s'engageoit à supporter ; mais il n'étoit guères plus permis de douter depuis l'Arrêt celèbre que

Dumoulin avoit fait rendre lui-même en sa propre Cause; & par lequel la donation qu'il avoit faite à un de ses fréres par Contrat de mariage, fut declarée révoquée par la survenance des enfans; il est vrai qu'une donation pour cause de mariage, peut être regardée comme faite pour cause onéreuse; mais c'est que la cause ou la charge est, comme l'observe d'*Olive*, *Liv*. 4. *Chap*. 7. *non ex parte donantis*, *sed ex parte donatarii*, en quoi elle différe de la donation rémunératoire, où la cause se trouve, *ex parte donantis*, *qui à donatario Beneficium accepit*, *&c.*

L'Ordonnance ne parle point des donations faites en faveur de l'Eglise, ni de la cause Pie, mais de là qu'elle ne les excepte pas, il faut croire qu'elle a entendu les comprendre dans la disposition; nous trouvons néanmoins des Arrêts dans le premier Tome du *Journal des Audiences*, *pag*. 405. qui ont declaré non révoquées les donations faites à des Ecclésiastiques, pour leur ténir lieu de Titre Clérical; & je suis persuadé que l'interêt public & celui de l'Eglise, le feroit juger de même, ou suspendroit du moins la révocation jusques à la mort du donataire, promû sur la foi de la donation, aux Ordres Sacrés: le Public & l'Eglise interessés à ne pas voir un Prêtre mandier, *in opprobrium Religionis & Cleri*.

Demeureront révoquées de plein droit, &c. il n'en est pas de la révocation qui se fait par la survenance des enfans du donateur, comme de celle qui se fait par l'ingratitude du donataire; l'action en révocation pour cause d'ingratitude, ne peut être intentée par les héritiers du donateur, si le donateur ne l'a pas lui-même intentée pendant sa vie; & on ne peut non plus l'intenter contre les héritiers du donataire, décédé avant la plainte du donateur; au lieu que par la survenance des enfans, la donation est révoquée de plein droit, *Leg*. 7. *& ult. de revocandis donat. etiàm donatore non conquerente*, de manière que l'action peut être intentée par les héritiers du donateur, ainsi que par le donateur, & contre le donataire lui-même, ou pour mieux dire, qu'il n'y a pas ici d'action à intenter, la révocation se faisant comme il a été dit, de plein droit & sans qu'il soit bésoin d'obtenir aucunes Lettres pour être relevé en entier envers la donation.

Ou par la légitimation d'un enfant naturel, par le mariage subséquent, &c. L'Ordonnance ne distingue point les enfans nés légitimes, d'avec ceux qui sont légitimés par le mariage subséquent; elle rend égale la condition des uns & des autres; & en cela, elle ne fait que se conformer à la disposition du Droit, tant Civil, que du Droit Canonique; *cap. tanta vis. extrà. qui filii sint legitimi. Leg. cùm quis, Cod. de naturalibus liberis*: Il n'y a qu'un cas où la légitimation, *per subsequens matrimonium*, ne seroit comptée pour rien, par rapport à la révocation de la donation, c'est celui où le mariage aura été contracté *in extremis*; ces sortes de mariages ne pouvant par l'Ordonnance de 1639. produire aucuns effèts civils en faveur de la femme ou des enfans; l'Article 6. de l'Ordonnance de 1639. ne parle que de ceux qui, étant malades, épousent celles avec qui ils ont entretenu un mauvais commerce; mais la Declaration de 1697. y ajoûte, en ce qu'elle veut qu'il en soit de même à l'égard des femmes; c'est-à-dire, que tout mariage contracté *in extremis*, soit nul, pour ce qu'on appelle effèts civils, sans distinguer si c'est la femme, qui à l'extrêmité de la vie, èpouse celui qui l'a débauchée, ou si c'est l'homme qui épouse sa Concubine dans la maladie dont il est decedé: on n'étendoit point auparavant la peine d'un cas à l'autre, comme on peut voir par deux Arrêts rapportés par *Leprêtre Cent.* 12. *Chap.* 11.

“ Et non par aucune autre sorte de légitimation, „ &c. les Arrêts rapportés par *Maynard*, *Liv.* 4. *Chap.* 13. avoient distingué, comme distingue ici l'Ordonnance, les enfans légitimés par le mariage subséquent, de ceux qui le sont par Lettres du Prince; car nous ne connoissons en France, que ces deux espèces de légitimations. Le Roi ne légitime point un Bâtard, au préjudice d'autrui ; & jusques-là qu'on a douté & que l'on doute encore, si un Bâtard légitimé *per rescriptum Principis*, pouvoit succéder à son père, toutes les fois que les héritiers présomptifs du père, & qui se trouvent tels lors de la succession, n'ont pas expressément consenti à la légitimation, par la raison qu'un fils légitimé par le Prince, ne fait pas révoquer une Donation. On juge aussi qu'il ne fait point défaillir le Fideicommis dont le père naturel étoit chargé sous la condition *si sine liberis*. Depuis quelque tems le Roi n'accorde des Lettres de légitimation, à l'effet de succéder par Testament ou *ab intestat* au père & à la mère, qu'à la charge ou sous la condition d'un consentement des héritiers présomptifs dudit père & mère.

## ARTICLE XL.

**Ladite révocation aura lieu, encore que l'enfant du Donateur ou de la Donatrice fût conçû au tems de la Donation.**

NOMBRE d'Auteurs avoient cru jusques ici, non-seulement que l'enfant conçû lors de la Donation, ne donnoit pas lieu par sa naissance à la révocation ; mais que le mariage même du Donateur ou de la Donatrice, empêchoit que la Donation ne fût révoquée, la naissance des enfans présumée en l'un & en l'autre cas, avoit été prévûë ; cette dernière opinion a été comme nous avons vû, condamnée par l'Article qui précéde, en ce qu'il déclare la Donation révoquée toutes les fois que le Donateur n'avoit aucuns enfans ou descendans actuellement vivans, sans distinguer s'il étoit marié ou non, & la première est condamnée par l'Article que nous expliquons.

*Mr. Catellan, Liv.* 4. *Chap.* 41. rapporte, comme nous avons dit en expliquant l'Article précédent, un Arrêt qui déclare non révoquée la Donation qu'avoit fait une femme dans le huitième mois de sa grossesse; mais il auroit pû en rapporter un postérieur, qui jugea précisement le contraire : c'étoit en la Cause du nommé Beros, Apoticaire de Beziers, qui avoit fait une Donation, dans le tems que sa femme étoit enceinte, & qui avoit déclaré dans l'Acte qu'il vouloit que la Donation subsistât, quand même il lui viendroit des enfans. Ce dernier Arrêt rendu le 3. Septembre *1697*. en la Grand'Chambre, au rapport de Mr. Ferrand; il est aisé de comprendre qu'un Donateur ne sçait qu'imparfaitement ce que c'est que d'être père, par l'espérance qu'il a de le devenir, & qu'il faut un objèt présent & non éloigné ou incertain, pour sentir jusques où peut aller l'affection paternelle. Les Loix ont véritablement décidé qu'un Posthume doit être regardé comme un enfant dejà né; *Posthumus pro jam nato habetur*; mais ce n'est là qu'une fiction qui n'a lieu qu'autant que le demande l'interêt du Posthume; qu'autant qu'elle est avantageuse au Posthume, *quoties de commodo ejus agitur*, &c.

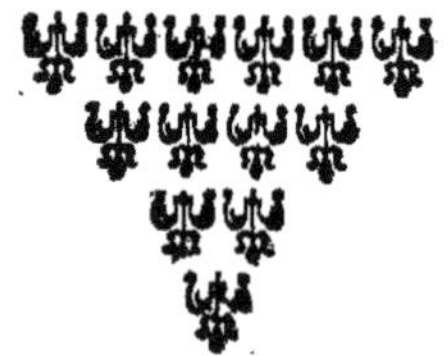

## ARTICLE XLI.

**La Donation demeurera pareillement révoquée, quand même le Donataire seroit entré en possession des biens donnés, & qu'il y auroit été laissé par le Donateur depuis la survenance de l'enfant, sans néanmoins que ledit Donataire soit ténu de restituer les fruits par lui perçûs de quelque nature qu'ils soient, si ce n'est du jour que la naissance de l'enfant, où sa légitimation par mariage subséquent lui aura été notifiée par Exploit ou autre Acte en bonne forme; & ce, quand même la demande pour rentrer dans les biens donnés, n'auroit été formée que postérieurement à ladite notification.**

LApeirere *lettre D. n°.* 36. remarque trois circonstances, qui peuvent faire subsister une Donation malgré la survenance des enfans. La première, que l'enfant dont la naissance a donné lieu à la révocation, soit decédé, laissant son père survivant. La seconde, que le père ne se soit jamais plaint. Et la troisième, qu'il ait laissé joüir le Donataire des choses données.

Nous avons vû, en expliquant l'Article 39., que la révocation se faisant de plein droit *etiam Donatore non conquerente*, il ne falloit compter pour rien la circonstance prise du silence du Donateur après la naissance de l'enfant; nous verrons, en expliquant l'Article 43., qu'il ne faut pas non plus compter pour rien la circonstance prise du decès de l'enfant dont la naissance a donné lieu à la révocation; & nous verrons par l'Article que nous expliquons ; qu'il en eſt de même de la troiſième & dernière circonſtance, priſe de la poſſeſſion & joüiſſance des choſes données, en laquelle le Donateur a laiſſé le Donataire depuis la ſurvenance de l'enfant ; une de ces trois circonſtances faiſoit douter ſi la Donation ne devoit point ſubſiſtér : mais aujourd'hui point de difficulté, que malgré le concours de toutes les trois, la Donation ne demeure révoquée ; que par la diſpoſition de cet Article, le Donataire ne ſoit ténu à aucune reſtitution de fruits par lui perçûë de quelque nature qu'ils ſoient, tandis qu'il a ignoré ſi le Donateur vouloit uſer du bénéfice de la Loi ; il n'y a rien en cela qui ne ſoit dans les régles & très-conforme à l'uſage qui a adopté la déciſion de la Loi 48. *ff. de acquirendo rerum dominio* ; en ce que par rapport aux fruits, elle donne à la poſſeſſion accompagnée de titre & de bonne foi tous les avantages de la propriété, ſans rappeller la diſtinction que ſembloient faire quelques autres Loix entre les fruits naturels & les fruits induſtriaux, entre les fruits extans & les fruits conſumés, *bonæ fidei poſſeſſor fructus ſuos interim facit, non etiam eos qui diligentiâ & operâ ejus pervenerunt, ſed omnes quia quod ad fructus attinet loco domini penè eſt, &c.*

Mais que le Donataire ceſſe de faire les fruits ſiens du jour que la naiſſance de l'enfant, ou ſa légitimation par mariage ſubſéquent lui aura été notifiée par Acte, & quoique la demande, pour rentrer dans les biens donnés, n'ait été formée en Juſtice que poſtérieurement à cette notification ; c'eſt en quoi l'Ordonnance fait un changement à l'uſage reçû dans toutes les Cours du Royaume, & ſuivant lequel un Poſſeſſeur n'eſt conſtitué en mauvaiſe foi, à l'effêt d'être ténu à la reſtitution des fruits que du jour de l'interpellation judiciaire ; cet uſage fondé ſur l'Article 60. de l'Ordonnance d'Orleans & ſur le principe du Droit, qui ne compte pour rien une dénonciation ou une demande extrajudiciaire, *qui petit extra judicium*, dit la Loi *amplius pliùs 15. ff. ratam rem haberi. Non reverà petere, sed petere velle videtur.*

## ARTICLE XLII.

**Les biens compris dans la Donation révoquée de plein droit, rentreront dans le Patrimoine du Donateur, libres de toutes charges & hypothéques, du chef du Donataire, sans qu'ils puissent demeurer affectés, même subsidiairement à la restitution de la Dot de la femme du Donataire, réprises, Doüaire, ou autres Conventions matrimoniales; ce qui aura lieu, quand même la Donation auroit été faite en faveur de mariage du Donataire & inserée dans le Contrat, & que le Donateur se seroit obligé, comme caution par ladite Donation, à l'exécution du Contrat de mariage.**

NOUS avons observé qu'il y avoit cette différence entre la révocation qui se fait pour cause d'ingratitude, & celle qui se fait par la survenance des enfans; qu'à l'égard de la première, l'action ne peut être intentée par les héritiers du Donateur, si le Donateur ne l'a lui-même intentée pendant sa vie, & qu'elle ne peut pas non plus être intentée contre les héritiers du Donataire decédé avant la plainte du Donateur, au lieu que la révocation, *per supervenientiam liberorum*, se faisoit de plein droit, *etiam Donatore non conquerente*; l'action peut être intentée indifféremment & par les héritiers du Donateur contre les héritiers du Donataire : en voici une deuxième, & qui n'est pas moins remarquable, c'est que par la révocation qui se fait, *per supervenientiam liberorum*, les biens reviennent au Donateur, tels & en l'état qu'ils étoient lors de la Donation, affranchis de toutes les dettes & hypothéques ausquelles le Donataire pourroit les avoir assujettis, *quasi defectâ conditione quæ tacitè inerat, si liberos non susciperet*, au lieu qu'on ne donne aucun effêt rétroactif à la révocation qui se fait par l'ingratitude du Donataire au préjudice des Créanciers qui ont contracté *ante incohatum inceptumque jurgium*, c'est-à-dire, dans l'intervale du jour de la Donation, au jour que le Donateur a formé l'Instance en révocation, la Loi 2. *Cod. de libertis & eorum liberis*, portant la chose jusques au point de conserver la liberté aux enfans d'un affranchi, malgré l'ingratitude de leur père, qui le remettoit en son premier état; ceux-là seulement reputés esclaves qui naissoient depuis que la Donation avoit été révoquée.

On le jugeoit ainsi dans tous les Parlemens du Royaume, avant l'Ordonnance que nous expliquons, je veux dire, qu'on donnoit par tout cet effêt rétroactif dont nous venons de parler, *per supervenientiam liberorum*, les Acquereurs des biens donnés obligés d'en faire le délaissement, & les Créanciers renvoyés sur les biens du Donataire, autres que ceux compris dans la Donation; mais l'Ordonnance ajoûte que les biens donnés ne seront pas même subsidiairement affectés à la restitution des cas dotaux de la femme, & en cela elle fait un changement considérable, du moins en la Jurisprudence du Parlement de Toulouse, où on ne doutoit pas que toutes les fois qu'une Donation avoit été faite dans un Contrat de mariage, & que les biens propres du mari ne suffisoient pas à la femme pour la repétition de sa Dot & Augment, les biens donnés ne fussent subsidiairement hypothéqués, c'est-à-dire, que la femme, pour la repétition de sa Dot & Augment, ne peut agir sur les biens donnés, en cas d'insuffisance des biens propres de son mari,

Cette Jurisprudence est attestée entr'autres par *d'Olive, Liv. 4. Chap. 6.* mais cet Auteur s'est trompé, lorsqu'il l'a attestée comme conforme à celle du Parlement de Paris, fondé sur l'Arrêt rendu en la Cause de Dumoulin; car cet Arrêt ne juge en effèt rien moins que la question en thése, sçavoir, si les biens donnés doivent demeurer subsidiairement hypothéqués à la femme: personne sans doute ne connoissoit mieux le motif & les circonstances, que Dumoulin lui-même; & c'est lui qui nous l'apprend dans son Traité *de Donat. in Contractu matrimonii factis n°. 86.* que si les biens par lui donnés à son frère dans son Contrat de mariage, furent déclarés affectés pour le doüaire de sa belle sœur, c'est parce qu'il y avoit lui-même expressement consenti par un Acte signé de sa main; *ex his satis liquet hanc clausulam hipotecæ non fuisse appositam merè jure, nec motu senatus, esset enim contra jus & concordem omnium sententiam, qui tenent purè & simpliciter resolvi, sed fuit apposita de expresso consensu meo, etiam manu propriâ subscripto & in Actu relato.*

C'est donc sur cette circonstance particulière, prise du consentement exprès du Donateur, que le Parlement de Paris déclara les biens donnés hypothéqués à la femme; mais ce qu'il y a de remarquable, c'est qu'aujourd'hui & par la disposition de l'Article que nous expliquons, cette circonstance même ne changeroit rien, & n'empêcheroit pas que les biens donnés revinssent au Donateur, affranchis de l'hypothéque de la femme, comme de toutes les autres; puisque après avoir dit, que les biens donnés rentreront dans le Patrimoine du Donateur, libres de toutes charges, & sans qu'ils puissent demeurer affectés à la restitution de la Dot de sa femme, réprises, doüaire ou autres conventions matrimoniales; il est ajoûté, quand même le Donateur se seroit obligé comme caution par ladite Donation à l'exécution du Contrat de mariage, &c. le consentement du Donateur à l'affectation ou à l'hypothéque subsidiaire de la femme, ne pouvant en effèt être regardé comme cautionnement.

On ne peut dissimuler que c'est porter bien loin la révocation qui se fait par la naissance des enfans, que d'affranchir les biens donnés de l'hypothéque de la femme, lors même que le Donateur s'est obligé comme caution; car enfin qu'on ne distingue point l'hypothéque de la femme, de celle des autres Créanciers, que les biens donnés rentrent dans le Patrimoine du Donateur, libres de toutes charges, ausquelles ils ont été assujettis depuis la Donation; il n'y a rien en cela qui ne soit conforme aux principes, suivant lesquels la Donation faite par celui qui n'a point d'enfans, est regardée comme conditionnelle; *si liberos non suscipiat*, toutes les charges, du chef du Donataire, éteintes, & toutes les hypothéques résoluës, *defectu conditionis & ex causa antiqua*; mais que la naissance des enfans décharge le Donateur d'une obligation qu'il a bien voulu contracter personnellement, pour l'exécution des conventions matrimoniales, & sur la foi de laquelle, la femme a contracté, *& non aliter contractura*; c'est encore une fois donner à la révocation un effêt ou une faveur bien grande, *Ricard*, *Tom.* 1. *pag.* 565. prévoit le cas du cautionnement du Donateur envers la femme, & il s'explique en ces termes: „ Si le Donateur, dit-il, s'étoit particulièrement obligé au Donataire „ de la femme, je démeure d'accord, que les biens compris dans la Donation y doivent demeurer hypothéqués „ après la révocation, comme aussi tous les autres biens du „ Donateur; mais ce n'est pas en vertu de cette Donation „ qui est résoluë, & le Donateur y demeure seulement „ obligé comme caution & fidejusseur du mari envers la „ femme, d'autant qu'en vertu de ce cautionnement, ayant „ contracté une obligation qui n'est pas un principe gratuit „ à l'égard de la femme; le bénéfice de la Loi *si unquam* „ n'y peut être appliqué. „

L'esprit de l'Ordonnance est de prévenir tous les obstacles à la révocation de la Donation, & de rendre inutiles toutes les clauses ou conditions, au moyen desquelles les biens donnés pourroient, le cas échéant, ne pas rentrer en entier dans le Patrimoine du Donateur; car du reste, il ne faut pas penser, que si quelqu'un intervenoit dans un Contrat de mariage, & que sans faire aucune Donation, il voulût s'obliger envers la femme pour la restitution des cas dotaux, ou conjointement avec le mari, ou subsidiairement, & en défaut des biens propres du mari, il ne faut pas croire, disons-nous, que la naissance des enfans pût lui servir de prétexte pour être relevé de son engagement: cette interprétation qu'on donneroit à l'Ordonnance conduiroit à attacher à la naissance des enfans tous les avantages de la minorité, & à donner à ceux qui auroient contracté, n'ayant point encore des enfans, des privilèges & des privilèges encore plus étendus, que ceux que les Loix ont accordés aux Mineurs.

## ARTICLE XLIII.

Les Donations ainsi révoquées ne pourront revivre, ou avoir de nouveau leur effêt, ni par la mort de l'enfant du Donateur, ni par aucun Acte confirmatif; & si le Donateur veut donner les mêmes biens au même Donataire, soit avant ou après la mort de l'enfant, par la naissance duquel la Donation avoit été révoquée, il ne le pourra faire que par une nouvelle disposition.

CET Article résout une question sur laquelle il a été fait des dissertations infinies, sçavoir, si l'enfant dont la naissance a donné lieu à la révocation, venant à décéder pendant la vie du père, doit avoir son effet, *sublato intermedio impedimento*, sur tout lorsque cette circonstance du decès de l'enfant se trouve accompagnée de deux autres dont nous avons parlé en expliquant l'Article 41., sçavoir, du silence du Donateur après la naissance de l'enfant, & de la joüissance des choses données, laissée au Donataire; nombre d'Auteurs avoient decidé cette question en faveur du Donateur, *Ferrière sur Gui-Pape*, *quest.* 214. *Ricard*, *Tom.* 1. *pag.* 557. fondés entr'autres sur la raison dont se sert le Jurisconsulte en la Loi *Posthumus* 12. *ff. de injusto rupto & irrito facto Testamento*, pour faire subsister un Testament nul ou révoqué par la prétérition du Posthume, dans le tems que le Posthume est venu à decéder pendant la vie du Testateur; *Posthumus præteritus vivo Testatore natus decessit, licèt Juris scrupulositate nimiâque subtilitate Testamentum ruptum videatur: attamen si signatum fuerit Testamentum, bonorum possessionem secundùm tabulas accipere hæres scriptus potest remque obtinebit*; mais l'Ordonnance, comme l'on voit, en juge autrement: elle n'a pas crû devoir appliquer aux Donations ce que les Loix ont decidé pour les Testamens, ou en adoptant la decision des Loix sur la matière des Testamens: elle a crû devoir préférer celles-ci, qui en prononçant sur la rigueur du Droit, ont déclaré nul le Testament où le Posthume étoit prétérit, sans distinguer si le Posthume avoit survêcu ou non à son père, *Posthumo præterito*, dit la Loi *uxoris*, *Cod. de Posthumis hæredibus instituendis, quamvis natus illicò decesserit, non restitui ruptum juris evidentissimi est*, & comme dit Justinien au *tit. de exhæredatione liberorum, si filium silentio præterierit, inutiliter testabitur adeò quidem est, si, vivo patre, filius mortuus sit, nemo hæres ex Testamento existere possit, quia scilicèt ab initio non constiterit Testamentum*; on peut dire, sans autre raisonnement, que si la mort de l'enfant du Donateur ne fait pas revivre la Donation, c'est toûjours par une suite du même principe, de ce principe, suivant lequel la révocation se fait de plein droit, une Donation, en effet, qu'on suppose révoquée de plein droit, ne pouvant revivre pour avoir de nouveau son effet par des conjectures de volonté ou des présomptions souvent équivoques.

Si le Donateur, dit l'Ordonnance, veut donner les mêmes biens, &c. & par-là elle résout encore une autre question, sur laquelle il y avoit aussi diversité d'avis; sçavoir, si le Donateur, après la révocation de la Donation, pouvoit faire une nouvelle disposition des biens donnés : la raison de douter étoit prise, de ce que l'interêt des enfans nés depuis la Donation, êtant le motif & l'objèt de la révocation, les biens donnés paroissoient leur devoir être acquis, de manière que le père n'eût pû disposer qu'en leur faveur; mais il étoit aisé de trouver la raison de décider dans les termes de la Loi, *si unquam*, qui, en faisant rentrer les biens dans le Patrimoine du Donateur, lui rend en même tems la liberté d'en disposer à sa volonté, *in ejusdem Donatoris arbitrio ac ditione mansurum.*

L'Ordonnance ajoûte que le Donateur pourra disposer des biens donnés en faveur du premier Donataire; mais il ne faut pas croire qu'elle entende par-là interdire la liberté de disposer en faveur de quelqu'autre; il est vrai que l'interêt des enfans êtant, comme nous l'avons dit, le motif & l'objèt de la révocation, toutes les fois que cet interêt cesse par la disposition du Donateur en faveur d'autres que de ses enfans, le premier Donataire en concours avec l'autre Donataire étranger, & aussi peu favorable que lui sembleroit devoir l'emporter; mais une raison supérieure & la même qui autorise le Donateur à disposer en faveur du premier Donataire, *in ejusdem arbitrio ac ditione mansurum*, l'autorise aussi à disposer en faveur de telle personne que bon lui semblera, & c'est à quoi il ne peut y avoir de difficulté.

# ARTICLE XLIV.

Toute clause ou convention, par laquelle le Donateur auroit rénoncé à la révocation de la Donation pour survenance d'enfans, sera regardée comme nulle, & ne pourra produire aucun effêt.

L'ARREST dont nous avons parlé sur l'un des Articles précédens, rendu en faveur de l'Apoticaire de Bagneres, avoit bien préjugé qu'on ne pouvoit rénoncer au Bénéfice de la Loi. *Si unquam*, puisque, outre que lors de la Donation, la femme du Donateur étoit enceinte, il avoit d'ailleurs expressement déclaré dans l'Acte qu'il vouloit que la Donation subsistât, quand même il lui surviendroit des enfans ; mais nous trouvons dans *Catellan*, *Liv.* 4. *Chap.* 41. des Arrêts encore plus précis, & qui ont jugé en thése la rénonciation inutile & de nul effêt ; en sorte que l'Ordonnance, par cet Article, ne change absolument rien dans notre Jurisprudence.

Ceux qui avoient été jusques ici d'un avis contraire, & qui croyoient la rénonciation valable, se fondoient sur cette regle de Droit, qui permet à un chacun de rénoncer à ce qui a été établi & introduit en sa faveur, *his quæ pro se introducta sunt renunciare* ; mais, outre que la règle est fausse toutes les fois que par rapport à l'état de personne interessée, les choses ne se trouvent point égales lorsqu'elle fait la rénonciation, & lorsqu'elle veut user du privilège auquel elle a rénoncé, ainsi qu'on le vérifie en la personne des Mineurs, & mieux encore en la personne de ceux qui donnent n'ayant point d'enfant ; les uns, tandis qu'ils sont en bas âge, ne pouvant juger de ce qu'ils penseront,

penſeront, ou de l'état dans lequel ils ſe trouveront lorſqu'ils auront atteint la Majorité, & les autres ne pouvant juger non plus de ce que leur fera ſentir un jour la tendreſſe Paternelle ou Maternelle ; il eſt d'ailleurs remarquable que pour rénoncer valablement au privilége, il faut que le privilège ſoit tel, qu'il n'intereſſe uniquement que celui qui fait la rénonciation ; & que comme nous avons eu occaſion de l'obſerver pluſieurs fois la faveur de l'interêt des enfans nés depuis la Donation, n'entre pas moins dans le motif ſur lequel la rénonciation eſt fondée, que l'interêt même du Donateur.

## ARTICLE XLV.

**Le Donataire, ſes héritiers ou ayants cauſe, ou autres Détempteurs des choſes données, ne pourront oppoſer la preſcription pour faire valoir la Donation révoquée par la ſurvenance d'enfant, qu'après une poſſeſſion de trente années, qui ne pourront commencer à courir que du jour de la naiſſance du dernier enfant du Donateur, même Poſthume ; & ce, ſans préjudice des interruptions telles que de droit.**

LE Donataire, ſes héritiers ou ayants cauſe, ne peuvent oppoſer autre preſcription que la trentenaire, & par-là nous apprenons que le Donateur, pour révoquer la Donation, n'a pas béſoin d'intenter l'action Reſciſoire ; c'eſt-à-dire, de prendre des Lettres pour être reſtitué en entier, parce que, ſuivant les Loix du Royaume, cette action Rescisoire doit être intentée nécessairement dans les dix années ; les Détempteurs des choses données ne sont non plus à couvert des poursuites du Donateur qu'après une possession de trente années, parce que ici le Donateur réclame les choses *jure dominii*, & que les Tiers-Possesseurs ne prescrivent par la possession de dix ans entre présens, & de vingt ans entre absens, que l'action hypothécaire des Créanciers.

S'il y a quelque chose de singulier & de nouveau dans cet Article, c'est en ce qu'il ne fait courir la prescription, soit contre le Donataire ou contre les Détempteurs des choses données, que du jour de la naissance du dernier enfant du Donateur ; car enfin il est vrai, comme on ne peut en douter, d'un côté que la naissance du premier enfant donne lieu à la révocation ; & de l'autre, que la prescription commence à courir utilement du jour que l'action est née, & qu'elle a pû être intentée ; pourquoi renvoyer l'époque du commencement de la prescription à la naissance du dernier enfant, & ne pas la fixer à la naissance du premier : on pourroit répondre à cette objection, que le Legislateur est le maître de la durée des actions, & que la Loi est également respectable, soit qu'on connoisse ou qu'on ignore les motifs qui l'ont déterminée ; mais je ne sçai si on ne pourroit pas dire que dans l'esprit de l'Ordonnance, chacun des enfans a comme un droit acquis sur les biens donnés par l'espérance de succéder à son père, & qu'ainsi on ne pourroit sans injustice pour le dernier des enfans, faire commencer la prescription du jour de la naissance du premier.

L'Ordonnance ne parle point des deux autres moyens, par lesquels les biens donnés peuvent revenir au Donateur ; sçavoir, l'ingratitude du Donataire & son prédecès ; mais de là qu'elle n'en parle pas, il faut croire qu'elle a entendu à cet égard laisser les choses en la disposition du droit commun.

Les causes d'ingratitude sont marquées en la Loi dernière, *Cod. de revocandis Donat.* au nombre de cinq, si le Donataire a dit & fait des injures atroces au Donateur; s'il s'est emporté jusques à battre le Donateur; si par des mauvaises voyes, il lui a suscité des Procès pour lui faire perdre son bien en tout ou en partie; s'il l'a mis en péril de la vie, soit par des voyes de fait, soit par des accusations criminelles ou des dénonciations; s'il refuse enfin d'accomplir les conditions sous lesquelles la Donation a été faite, & tout ce qu'il a promis au Donateur.

Ces causes d'ingratitude sont à peu près les mêmes que celles pour lesquelles les pères & les mères peuvent exhereder leurs enfans; & quoique les causes d'exheredation soient marquées en la Novelle 115. au nombre de quatorze: on peut néanmoins voir par l'Analise qu'en fait *Mr. Ricard Tome* 1. *pag.* 568. qu'elles sont toutes comprises implicitement dans les cinq dont nous avons parlé. *L'auth. quod mater* au même titre du Code *de revocandis Donat.* en parlant des Donations faites par les mères remariées, n'énonce que trois causes d'ingratitude, pour lesquelles elles peuvent être révoquées, ne rappellant ni la cause prise des injures atroces, ni cette autre, prise du réfus que fait le Donataire d'accomplir les conditions sous lesquelles la Donation a été faite; mais il ne peut être pensé qu'on permît à un fils d'insulter à sa mère, ou de violer impunément les engagemens qu'il auroit pris avec elle par cette seule raison, qu'elle auroit convolé à des secondes nôces; aux deux différences que nous avons observé en expliquant l'Article 42. entre la révocation qui se fait par la survenance des enfans, on peut en ajoûter encore une troisième touchant la durée de ces deux actions, & la manière en laquelle elles devoient être intentées; car quoiqu'en dise *Mr. Ricard Tome* 1. *page* 576. je doute qu'un Donateur qui demanderoit la révocation pour fait d'ingratitude, fût écoûté s'il n'avoit pris des Lettres pour être restitué en entier, &

par conſéquent qu'il fût écoûté après dix ans, qui ſont le terme de toutes les actions reſciſoires, au lieu que la Donation étant révoquée par la naiſſance des enfans, nulle autre preſcription que la trentenaire ne peut être oppoſée au Donateur.

Le droit de retour, par le prédecès du Donataire, fut introduit d'abord en faveur du père; *Leg. jure ſuccurſum ff. de jure dotium ne & filiæ amiſſæ & pecuniæ ſimul damnum ſentiret*; mais la Juriſprudence des Arrêts l'a étendu à la Mère, à l'Ayeul & à l'Ayeule, au Frère & à la Sœur, à l'Oncle & à la Tante, Paternels ou Maternels, & non par alliance; *Cambolas*, *Liv.* 1. *Chap.* 5. *Catellan*, *Tome* 2. *page* 200. il a cela de commun avec la révocation qui ſe fait par la ſurvenance des enfans, qu'il fait revenir les biens donnés au Donateur, libres & exempts de toutes hypothéques contractées par le Donataire, ſauf toutefois l'hypothéque de la femme pour la répétition de ſa Dot & Augment; la femme, par un privilège qui lui eſt perſonnel, pouvant ſubſidiairement, & en cas d'inſuffiſance des biens propres du mari, agir ſur les biens donnés, par un privilège perſonnel, diſons-nous, parce qu'en effèt les derniers Arrêts rapportés par d'*Olive*, *page* 571. ont jugé que la femme ne le tranſmettoit point à ſes héritiers.

L'exiſtance des enfans du Donataire fait ceſſer le droit de retour, & il n'y a qu'un cas excepté de la règle, c'eſt celui dont nous avons eu occaſion de parler, en expliquant l'Article 10. ſçavoir, lorſqu'un fils Donataire a été condamné & exécuté à mort; l'Arrêt rapporté par *Papon*, *Liv.* 21. *Tit.* 1. *Art.* 24. le même que rapporte *Maynard*, *Liv.* 22. *Chap.* 91. & *d'Olive en ſes Nottes ſur le Chap.* 27. *Liv.* 3. ayant jugé que l'exiſtance des enfans de ce fils Donataire, ne faiſoit pas un obſtacle au droit de retour; & l'ayant jugé ainſi en faveur & pour l'interêt même des enfans pour exclurre le fiſc, à qui les biens auroient été irrévocablement acquis.

L'exiſtance des enfans du DONATAIRE fait ceſſer le droit de retour ; mais il eſt remarquable qu'elle ne le fait ceſſer, qu'autant que ſes enfans ſurvivent eux-même au DONATEUR ; car on juge conſtament que le retour a lieu par le prédecès des enfans du DONATAIRE ſans enfans, & juſques-là même que le Père ou la Mère de ces enfans ne peut prétendre aucun droit de légitime ſur les biens donnés : un Père fait une donation à ſon fils, le fils décéde, laiſſant des enfans qui viennent enſuite à décéder ; laiſſant à eux ſurvivant leur Ayeul DONATEUR & leur Mère, les biens donnés rentreront en entier dans le Patrimoine de l'Ayeul, & la Mère n'y aura aucun droit de légitime, *d'Olive en ſes Nottes ſur le Chap.* 8. *du Liv.* 4. *Cambolas*, *Liv.* 1. *Chap.* 5.

Le prédécès des enfans du DONATEUR donne lieu au droit de retour, la choſe eſt ſans difficulté ; mais pour que le retour ait lieu, faut-il que tous les enfans du DONATAIRE ayent prédécé, ou l'exiſtance de quelqu'un des enfans y met-elle obſtacle ? Pour mettre la queſtion dans tout ſon jour, nous allons propoſer le cas qu'on trouve dans *Henry*, *Tom.* 1. *pag.* 929. & que cet Auteur trouve très-difficile à réſoudre. Titius mariant ſa fille Titia avec Caïus, lui fait donation de la moitié de tous & chacuns ſes biens ; de ce mariage de Caïus avec Titia, il naît un fils appellé Sempronius. Caïus étant venu à décéder, Titia convole à de ſecondes nôces avec Mœvius, & de ce ſecond mariage, il y a auſſi un fils que nous nommerons Lucius ; ce fils du ſecond lit Lucius décéde après la mort de Titia ſa mère, & laiſſe à lui ſurvivans, ſçavoir, Mœvius ſon père, Sempronius ſon frère uterin, & Titius ſon Ayeul maternel.

Titius Ayeul maternel prétend que les biens par lui donnés à Titia ſa fille, ou cette portion de biens donnés échûë à Lucius par la mort de Titia ſa mère, doit lui faire retour par le prédécès de Lucius ſon petit-fils, & il ne croit pas que l'exiſtance de Sempronius autre fils de Titia, doive lui faire obstacle; parce que Sempronius est sans interêt, comme étant exclus de l'entière succession de Lucius par Mœvius son père.

Mœvius au contraire réclame cette portion de bien échûë à Lucius, comme faisant partie de la succession de Lucius, qu'il doit seul récuëillir tout, à l'exclusion de Titius Ayeul maternel, parce qu'il est dans un dégré plus proche, & à l'exclusion de Sempronius son autre fils, parce qu'il n'y a que les fréres germains *ex utroque latere conjuncti* qui puissent concourir à la succession des uns & des autres, conjointement avec les ascendans.

Et Sempronius enfin, fils du premier lit de Titia, & frère uterin de Lucius, insiste sur ce que le retour ne pouvant avoir lieu qu'en défaut des enfans & de tous les enfans du donataire; son existance, qui doit exclurre l'Ayeul, doit aussi, par voye de conséquence, exclurre le père. *Henry*, aprés avoir discuté au long les raisons de ces trois Parties, se détermine pour l'Ayeul, mais avec ce temperament néanmoins, que les biens doivent lui faire retour, à la charge de rendre les biens donnés à Sempronius son petit-fils, par une espèce de Fideicommis tacite: en seroit-il de même si nous supposions que Lucius & Sempronius fussent freres germains, au lieu que nous les avons supposés frères uterins; *Henry* croit qu'en ces deux cas il faudroit suivre l'ordre des successions légitimes; c'est-à-dire, que l'ayeul devroit être exclu par le père de l'enfant decédé & par l'enfant survivant; qu'ils se trouveroient l'un & l'autre appellés également à la succession, l'enfant survivant pouvant espèrer dans ce cas, ce qu'il ne peut espèrer dans l'autre, de retrouver un jour dans la succession de son père la portion des biens donnés qu'il auroit recuëillie, *Graverol sur Larroche*, *Liv.* 6. *Tit.* 40. *in verb.* Donation *Art.* 21. rapporte des Arrêts conformes à la décision de *Henrys*; dans le premier cas, l'on suppose les frères uterins, & je ne doute pas qu'on ne s'y conforme aussi dans le second.

Quand nous disons que le père & la mère; l'ayeul & l'ayeule, le frère & la sœur, l'oncle & la tante, joüissent du droit de retour; nous entendons qu'il n'y a que ces personnes à qui ce droit soit acquis, & qu'il n'y a de la part du Donateur ni reservation, ni stipulation; car rien n'empêche que le retour ne puisse être stipulé par des parens en degré plus éloigné & par des Donateurs même étrangers, *Cambolas, Liv. 1. Chap. 5. n°. 5.* la stipulation ajoûtant au droit de retour, au cas du prédecès du Donataire, l'existance des enfans du Donataire prédecédé ne le fera pas cesser, & que si je stipule le retour au cas de prédecès du Donataire sans enfans, les biens donnés ne seront point par mon prédecès acquis irrévocablement à mon Donataire; *Maynard, Liv. 7. Chap. 33.* je transmettrai l'espèrance de retour à mes héritiers, qui reprendront les biens donnés, à l'exclusion des héritiers étrangers de mon Donataire.

## ARTICLE XLVI.

N'entendons comprendre dans les dispositions de la présente Ordonnance, ce qui concerne les dons mutuels & autres Donations faites entre mari & femme, autrement que par le Contrat de mariage; ni pareillement les Donations faites par le père de famille aux enfans étant en sa puissance, à l'égard de toutes lesquelles Donations il ne sera rien innové, jusques à ce qu'il y ait été par Nous pourvû.

IL faut rappeller ici l'Article 4. où il est dit qu'aucunes donations ne pourront valoir comme donation, ou disposition à cause de mort, de quelque formalité qu'elles soient revêtuës : on auroit pû croire que les Donations faites par le père aux enfans non émancipés, autrement qu'en Contrat de mariage: les Donations faites par un mari à sa femme, & par la femme à son mari, *constante matrimonio*, étoient comprises en la disposition de cet Article; parce qu'on dit communement de toutes ces Donations, que quoique faites entre-vifs, elles ne subsistent néanmoins qu'autant qu'elles sont confirmées par la mort & ne sont pas révoquées par le Donateur; & c'est sans doute la raison qui a obligé Sa Majesté à déclarer ici, qu'il ne sera rien innové à cet égard, jusques à ce qu'il ait été autrement pourvû.

Il est vrai que les Donations entre le mari & la femme, & celles faites par les pères aux enfans qui sont en leur puissance, doivent être confirmées par la mort; mais il s'en faut bien qu'on ne puisse donner à cette confirmation, l'effet de la conversion d'une Donation entre-vifs, en disposition de dernière volonté, parce que par confirmation, on n'entend autre chose, sinon que le père, le mari & la femme, peuvent révoquer pendant leur vie; car du reste, & s'ils ne révoquent pas, la Donation subsiste, non comme Donation à cause de mort, mais comme Donation faite entre-vifs; & si fort comme Donation, qu'outre qu'il ne faut que deux témoins pour la rendre valable, on lui donne d'ailleurs & pourveu qu'elle ait été dûëment insinuée, un effet rétroactif au jour qu'elle a été faite; *Donationes*, dit la *Loi* 25. *Cod. de Donat. inter virum & uxorem, quas parentes in liberos, vel uxor in maritum, vel maritus in uxorem firmas esse sancimus per silentium Donatricis... Ad illud tempus referatur quo Donationis conscripta est.* Cette liberté donnée au père, au mari & à la femme, de révoquer jusques à la mort, & cet effet rétroactif de la Donation non révoquée, au jour qu'elle a été faite, font naître une grande difficulté, sçavoir, si le père, le mari, la femme, peuvent aliéner ou assujettir les biens donnés à des hypothéques dans

dans l'intervale de la Donation ; s'ils le peuvent au préjudice du Donataire, ou si le droit du Donataire remonte au jour de la Donation au préjudice des créanciers & des acquereurs ; il semble d'un côté qu'un Donateur ne peut avoir la liberté de révoquer la Donation, qu'il n'ait en même tems la liberté de disposer des biens donnés au préjudice du Donataire ; mais d'un autre côté aussi & en quel sens pourra-t'on dire que la Donation non révoquée a un effèt rétroactif, si dans l'intervale le Donateur peut, au préjudice du Donataire, vendre, aliéner & hypothéquer les biens donnés ; cette question s'étant présentée au Parlement de Toulouse ; elle fût après deux partages, jugée enfin contre le Donataire en faveur des Créanciers & des Acquereurs : on peut voir l'Arrêt dans *Cambolas*, *Liv.* 5. *Chap.* *6.* on crut que l'effèt rétroactif devoit être restraint aux fruits & à la joüissance des choses données, que le mari ou la femme donataire, n'étoient pas ténus de restituer, & que le fils donataire n'étoit pas non plus ténu d'imputer ou de rapporter, mais on a crû ne pouvoir pas étendre à la propriété, le droit de vendre & aliéner, comme une suite de la liberté de révoquer; *retrotrahitur ratione fructuum, non ratione dominii.*

J'ai vû souvent agiter la question ; sçavoir les Donations dont nous parlons, & qui ne subsistent qu'autant qu'elles sont confirmées par la mort du Donateur ou de la Donatrice, sont valablement révoquées par un Testament postérieur & par la clause que les Notaires insérent toûjours comme de stile, révoquant & annullant tous les Testamens, Codiciles, Donations à cause de mort, & toutes les autres dispositions précédemment faites : on cite un Arrêt rendu le 12. Septembre 1721. au Rapport de Mr. Courtois, en la deuxiéme Chambre des Enquêtes, par lequel une Donation réciproque entre mari & femme, avoit été declarée révoquée par cette Clause ; mais j'ai appris qu'il s'agissoit, non d'une Donation faite entre-vifs, mais d'une

Donation à cause de mort, que le mari & la femme s'étoient faite réciproquement ; ce qui laisse, comme l'on voit, la question proposée en son entier ; si on veut confondre la Donation à cause de mort, proprement dite, avec la Donation faite par Acte entre-vifs, qui, quoique révoquable par la mort du Donataire, subsiste par le défaut de révocation, comme véritable Donation entre-vifs, & subsiste comme telle, du jour qu'elle a été faite, *certum est*, dit le Président Faber, en son Code Livre 8. Titre 38. *deff.* 20. *generalem illam clausulam revocatoriam, quam in omnium Testamentis adhibere Notarii solent, ad Contractus inter vivos nullo modo pertinere, &c. voluntas illa & si erat revocabilis, tamen in Contractu inter vivos erat declarata, proindè speciali revocatione indigebat.*

Au surplus, de là qu'une Donation est révocable pendant la vie du Donateur, & qu'elle doit être confirmée par sa mort ; on comprend aisément qu'elle ne peut être valable qu'autant que le Donataire survit au Donateur, & que le prédecès de celui-ci doit la rendre nulle & de nul effet ; *penitùs evanescit*, dit le Chapitre dernier, *extrà de Donat. inter vir. & uxor. si tacitè vel expressè revocetur, vel qui donatum accipit, priùs debitum naturæ persolvat.*

## ARTICLE XLVII.

Voulons au ſurplus que la préſente Ordonnance ſoit gardée & obſervée dans tout notre Royaume, Terres, Païs de notre obéïſſance, à compter du jour de la publication qui en ſera faite : Abrogeons toutes Ordonnances, Loix, Coûtumes, Statuts & Uſages differens, ou qui ſeroient contraires aux diſpoſitions y contenuës, ſans néanmoins que les Donations faites avant ladite publication, puiſſent être attaquées ſous prétexte qu'elles ne ſeroient pas conformes aux règles par Nous preſcrites ; Notre intention êtant qu'elles ſoient exécutées ainſi qu'elles avoient pû & dû l'être auparavant ; & que les conteſtations nées & à naître ſur leur exécution, ſoient décidées ſuivant les Loix & la Juriſprudence, qui ont eu lieu juſqu'à préſent dans nos Cours à cet égard, &c.

DU jour de la publication, &c. c'eſt-à-dire, du jour de l'enregîtrement qui en aura été fait dans les Cours Supérieures ; car telle eſt la diſpoſition de l'Edit & Déclaration du 15. Septembre 1715. que les Cours Supérieures peuvent repréſenter à Sa Majeſté, ce qu'elles jugent à propos pour le bien public du Royaume, avant de procéder à l'enregîtrement des Déclarations, Edits & Ordonnances, & Lettres Patentes émanées de la ſeule autorité du Roi & de ſon propre mouvement : cette Déclaration eſt conforme à l'Ordonnance de Moulins, Article 2. ainſi qu'à la diſpoſition du Droit en la Loi, *humanum*,

*Cod. de Legibus*, où l'Empereur adressant ces paroles au Senat : *Benè cognoscimus*, dit il, *Patres conscripti, quod cùm vestro consilio fuerit ordinatum, id ad beatitudinem Imperii & ad nostram gloriam redundare*; mais elle est contraire à la Déclaration du 24. Février 1673. portant entr'autres choses : " Que toutes affaires cessantes, il sera procédé à l'en-„ regîtrement des Ordonnances, Edits, Déclarations & „ Lettres Patentes, expédiées pour affaires publiques, soit „ de Justice, de Finances émanées de la seule autorité du „ Roi ; que l'enregîtrement sera fait & ordonné purement „ & simplement, sans aucune modification ou restriction, „ & qu'il ne sera reçû aucune opposition, si ce n'est à l'égard „ des Lettres Patentes expédiées au nom & profit des „ Particuliers. „

L'Ordonnance déclare que toutes Loix, Coûtumes, Statuts, Usages, qui seroient contraires aux dispositions y contenuës, demeureront abrogées ; & quand elle ne l'auroit pas déclaré, il n'en auroit été ni plus ni moins, parce que tous les Auteurs conviennent que toutes Ordonnances, même en défaut de Clause de dérogation expresse, déroge à tous Usages, Coûtumes & Privilèges contraires, lorsqu'elle a pour objèt la réformation de la Justice, de la Discipline, de la Police du Royaume : *Si id & si sancerint*, dit Chopin : *vel publicam Regni politiam constituere decreverunt, &c.*

L'Ordonnance ajoûte : " que les Réglemens qu'elle „ contient, n'auront lieu que pour l'avenir ; les contesta-„ tions nées & à naître sur l'exécution des Donations „ faites précédemment, devant être décidées suivant les Loix „ & la Jurisprudence qui a été jusques ici observée ; „ & en cela elle ne fait que se conformer aux principes du Droit, suivant lesquels, *Leges & constitutiones futuris certum est dare formam negotiis, non ad præterita facta revocari nisi nominatim in iis de præterito caveatur. L. 7. de Legibus.*

*Fin de l'Explication de l'Ordonnance des Donations.*

# TABLE GENERALE DES MATIERES CONCERNANT LES DONATIONS.

## A

ACCEPTATION. Absolument nécessaire à toutes Donations entre-vifs; même à celles faites à l'Eglise, & à la cause Pie : Comment? Et en quel tems doit-elle être faite? *Page.* 19

Exception en faveur des Donations faites en Contrat de mariage. 38 & 41

Acceptation doit être expresse, & non tacite ou présumée par des équipollens. 19 & 23

Qui doit accepter pour les Mineurs? 25

Raison pour laquelle les Mineurs ne peuvent accepter sans l'autorité de leurs Père ou Mère, ou autres Ascendans, ou de leurs Tuteurs ou Curateurs. 27

Acceptation des Tuteurs & Curateurs, pour leurs Pupilles & Mineurs, toûjours jugée nécessaire au Parlement de Paris. 26

Avant l'Ordonnance de 1731. le Parlement de Toulouse confirmoit les Donations entre-vifs faites aux Pupilles, quoiqu'il n'y eût d'acceptation de leur part. 25

Acceptation des Ascendans pour leurs Descendans. 28 & 60

Qui doit accepter pour le Pupille, quand son Tuteur lui donne entre-vifs? 29

Pour les interdits par Justice? 25

Pour l'Eglise, & pour la cause Pie? 30

Pour les Communautés Ecclésiastiques ou Laïques, Seculières & Régulières? 30

Pour les Hôpitaux, Hôtels-Dieu, & autres semblables? 30

Pour le service Divin ou Fondations? 30 & 33

Acceptation des Donations faites aux femmes mariées. 34

Acceptation du Notaire pour le Donataire absent, n'est pas bonne. 19

Acceptation du Donataire, de la Donation faite en sa faveur, & de ses enfans à naître, même avec charge de substitution, vaut pour tous les appellés. 39. 44.

Acceptation du premier Donataire, profite à tous ceux à qui il doit rendre. 44 46. & 47.

Acceptation faite par l'un de deux Donataires non subordonnés de l'un à l'autre, produit-elle le même effêt? 47. 48. & 49.

La portion du Co-Donataire non acceptant, accroit-elle au Co-Donataire qui accepte? 48

Acceptation (de la Donation à des enfans à naître) faite par ceux qui étoient dejà nés au tems de la Donation, vaut sans être réïtérée par les autres. 49

Acceptation du Père (de la Donation qui lui est faite & à ses enfans) profite à ceux-ci nés & à naître. 49

Acceptation par ceux des Donataires nés au tems de la Donation, vaut pour ceux d'entre-eux qui sont à naître, & leur est commune. 49

Acceptation inutile à celui qui l'a faite, pour les portions de celui ou de ceux qui n'ont pas accepté. 50

Le défaut d'acceptation ne nuit pas aux Institutions contractuelles, ni aux dispositions à cause de mort en Contrat de Mariage. 50

Les Mineurs, les Interdits, l'Eglise, les Hôpitaux, Communautés & autres Privilégiés, ne sont pas restitués envers le défaut d'acceptation, mais ils peuvent recourir à raison de ce, contre leurs Tuteurs, Curateurs ou Administrateurs. 60

Acceptation n'est pas nécessaire aux Donations à cause de mort. 14

*Acquereur*, quelle attention doit-il avoir quand il achete? 113

*Actes* declarés nuls sans Lettres du Prince. 61

Vice ou nullité d'une partie de l'Acte, ne se communique point à la Partie qui n'a rien de vicieux. 67

Action Hypotequaire peut-elle se prescrire par le Donataire qui n'a pas fait insinuer sa Donation? 118

*Age* qu'il faut avoir pour donner entre-vifs. 9 & 10

*Administrateurs* garans de ce qu'ils font ou ne font pas. 61

*Augment* de la femme n'est qu'une portion virile quand il y a des enfans survivans au mari. 95

## B

Biens donnés qui sont retour. *Voyez Retour.*

## C

*Caution.* Le cautionnement du Donateur envers la femme du Donataire, n'empêche pas que les biens donnés ne lui reviennent libres par survenance d'enfans. 164

Caution non déchargée par cette survenance, s'il n'a donné. 165

*Choix.* Le Donataire de tous biens

présens & à venir peut choisir; c'est à-dire, prendre la Donation du jour qu'elle a été faite; de celui qu'il a été élû; ou du jour du decès du Donateur. 77 & 78

*Communautés* Ecclésiastiques ou Laïques, Séculières ou Régulières, peuvent-elles recevoir par Donation entre-vifs? 30

Qui doit accepter pour elles? *Vide* Acceptation.

Communautés peuvent-elles recevoir à titre de Donation ou d'Institution universelle? Et y en a-t'il d'incapables de recevoir par Donation ou par Testament? 32

Communautés joüissent du privilège des Mineurs en fait de Lézion; mais dans quel tems doivent-elles agir pour être rélevées? 62 & 63

Communautés, & cause Pie, non restituables envers le défaut d'Insinuation. *Voyés* Insinuation.

Communauté, entre mari & femme, en Païs coûtumier: quels sont les biens qui entrent dans cette Societé? & du pouvoir que le mari a d'en disposer pendant le mariage. 34 & 35

Composition de Patrimoine, quels sont les biens qui y entrent à l'effet de régler les légitimes. 136 137 & 139

Connoissance de la Donation, n'exclud personne d'opposer le défaut d'Insinuation, si elle n'est effectivement insinuée. 118 & 119

Contractant, quelle attention doit-il avoir. 113

Curateurs & autres Administrateurs, peuvent disposer en faveur de leurs Mineurs, & non ceux-ci en la leur, à moins qu'ils ne soient leurs Ascendans non remariés. 131 & 132

## D

D*Epositaire* du Régistre des Insinuations, à quoi ténu? 109

*Dettes* dont le Donataire peut être chargé de payer. 71 72 & 73

*Disposition* à cause de mort ou présumée telle, restrainte par les coûtumes en faveur des héritiers du sang, au moins pour une partie. 5 8 10 & 11

Dispositions faites en Contrat de Mariage ne valent qu'autant qu'il s'accomplit. 54

Dispositions que la faveur du mariage fait seule subsister, & de celles qui tiennent quoique le Mariage ne s'en soit pas ensuivi. 55

*Donateur* quel âge doit il avoir? 9 & 10

Donateur ne peut opposer le défaut d'Insinuation. 115

S'il s'est chargé de faire insinuer la Donation, à peine de tous dépens dommages & interêts, & qu'il n'y ait point satisfait, cela ne l'assujettit, ni ses héritiers à aucune garantie envers le Donataire. 115 & 119

Donateur qui rénonce à la révocation par survenance d'Enfans ne se porte aucun préjudice. 168

Donateur qui impose des conditions dont l'exécution dépend de sa volonté, rend par-là sa Donation nulle. 71 72 73

Donateur qui fait des réserves dont

il ne dispose pas avant sa mort, appartiennent à ses héritiers & non au Donataire, quand même on auroit stipulé qu'en défaut de nouvelle disposition la somme ou effèt réservé appartiendroit au Donataire. 71 74 75 76 & 85

Quand est-ce que ces réserves vont au Donataire & non aux héritiers du Donateur? 82

Raison de cette différence. 84

Véritable sens des Art. XVI. & XVIII. de l'Ordonnance de 1731. à ce sujet. 85 & 86

Quelles choses doivent concourir pour que l'effèt ou somme réservés, soit acquis au Donataire? 87

Donataire doit accomplir les conditions qui lui sont imposées, ou rénoncer à la Donation, ce qu'il peut faire en tout tems si la Donation lui est onéreuse. 82 83 & 144

Donataire, quand & comment ténu de payer ou contribuer au payement des légitimes? 144 & 147

Donataire de la moitié des biens présens & à venir (avant l'Ordonnance de 1731.) avec la moitié des charges, étoit ténu au Parlement de Toulouse, de payer la moitié des légitimes. 146

Donataire chargé du payement des légitimes, ne peut point renvoyer les légitimaires sur les Donataires postérieurs. 147

Donataire qui prescrit contre son Donateur, pour faire valoir la Donation révoquée par survenance d'enfans. *Voyés* prescription.

Donataire de tous biens présens & à venir, peut-il opter du jour de la Donation, ou du decès du Donateur, & quels effèts opère cette Option. *Voyés* Option.

*Donation entre-vifs* doit être faite pardevant Notaire & la minute rester dans ses Régistres, à peine de nullité. 5 & 5

Forme de cette Donation. 5

Doit être obligatoire de part & d'autre. 7

Peut être faite en tout tems. 16

Ne peut comprendre que les biens présens du Donateur. 64

Si elle renferme des effèts mobiliers il en doit être fait un état signé des Parties, &c. ou y avoir tradition réelle, à peine de nullité. 7 64 68 69 & 98

Donations des biens présens & à venir pour le tout ou pour partie déclarées nulles même pour les biens présens. 64 65 & 145

Distinction entre les Donations de tous biens présens & à venir, & l'Institution contractuelle. 55

Exception pour les Donations faites en Contrat de Mariage, en faveur des Conjoints ou de leurs Descendans, qui peuvent comprendre les biens présens & à venir, en tout ou en partie. 77 & 145

Donations de tous biens présens & à venir, sans réservation de capital ni d'usufruit, déclarées nulles même avant l'Ordonnance de 1731. 65

Raison pour laquelle les Donations des biens à venir, ne peuvent subsister depuis cette Ordonnance. 66

Donation générale & universelle sans réservation, par là nulle & cassable,

cassable, peut-elle dumoins subsister pour les biens présens ? ou être validée par la rénonciation du Donataire aux biens à venir? 67

Donation ou Légat à titre universel peut-il être fait à une Communauté Réligieuse ? 32

Donation faite vaguément aux Pauvres, est-elle valable? 32

Donation faite pour le service Divin, ou pour Fondation. 33

Donation en Contrat de Mariage, par un Etranger ou par un Père à son fils émancipé ou non, subsiste-t'elle quoique le mariage ne s'accomplisse pas? 41 & 42

Donation faite à un tel & à ses enfans, appelle les enfans après le père, sans lui ôter la liberté de choisir un d'entre-eux pour récüeillir l'entière Donation. 44 & 45

En est-il de même de la Donation faite à un tel ou à ses enfans? 45

Donation faite aux enfans à naître, ne vaut que dans un Contrat de mariage. 49

Donations des biens présens déclarées nulles, si elles sont faites à condition que le Donataire payera les dettes & charges du Donateur, autres que celles qui existent lors de la Donation, ou qui sont inhérentes aux biens donnés à moins qu'elles ne soient fixes & expressément déclarées par le Donateur, quand ce seroient même des légitimes si elles étoient au-delà du Droit. 71 72 & 73

Donations des biens présens faites à condition de payer toutes les dettes du Donateur, même les légitimes, ou sous d'autres conditions dont l'exécution dépend de sa volonté, ont lieu en Contrat de Mariage en faveur des Conjoints ou de leurs descendans. 82

Donations dont l'exécution des conditions imposées par le Donateur dépend de sa seule volonté, déclarées nulles. 71 & 73

Raison de cette décision. 72

Donation faite à condition que le Donateur ne se mariera pas, est nulle quand même il décéderoit sans se marier. 73

Donation faite sous des conditions casuelles ou mixtes bonne 74

Donation faite en Contrat de Mariage, vaguément aux futurs mariés, appartient-elle à l'un à l'exclusion de l'autre? ou à tous deux par portions égales. 80 & 81

Donations entre-vifs par un Fiancé à l'autre, dans leur Contrat de Mariage, autorisées. 81

Celles qu'ils se font après, entre-vifs, regardées comme des contre lettres, & nulles, *ibid.* & 54

Dons mutuels & autres Donations faites entre mariés, autrement que par les Contrats de Mariage & les Donations faites par les pères à leurs enfans non émancipés, exceptées des dispositions de l'Ordonnance de 1731. 175

Donations faites en Contrat de Mariage, en ligne directe. 87 & 119

Donation à cause de Nôces, ne profite en proprieté au survivant quand il y a des enfans, que pour une portion égale à celle de chaque enfant. 95

La femme peut en disposer, en le faisant par exprès, sans quoi sa portion démeure acquise aux enfans. 95 & 96

Donations, libéralités, ou gains de survie entre les futurs mariés. 95 & 97

Donation des choses mobiliaires avec tradition, ou quand elles n'excédent pas 1000. liv. 98

Donation d'une somme quand réputée immeuble. 105

Donation de biens situés en différentes Senéchaussées. 106

Donation d'une terre répanduë dans plusieurs Jurisdictions. 106

Donation faite à la femme dont le mari néglige l'Insinuation. 120 121 & 129

Doit-il toûjours prendre garde qu'elle soit revêtuë des formalités réquises à peine d'en répondre? 122 & 123

Donation non insinuée, peut-elle produire la prescription de l'action hypothéquaire contre les Créanciers, après dix ans de possession paisible du Donataire? 118

Donations peuvent être faites par les Tuteurs & Curateurs, à leurs Pupilles & Mineurs, & non par ceux-ci aux autres s'ils ne sont leurs ascendans non remariés. 131 & 132

Donations entre-vifs, comment renduës inutiles en tout ou en partie, quand les biens laissés par le Donateur ne suffisent pas à fournir la légitime des enfans, eu égard à la totalité des biens donnés & autres? 135

Donation des biens qui entrent dans la composition du Patrimoine, à l'effèt de régler la légitime des enfans. 136 137 & 140

Donations des père & mère à leurs enfans, regardées comme faites en avancement d'hoirie. 136

Donations inofficieuses faites aux enfans ou à des étrangers, quand & comment retranchées pour remplir les légitimes? 135 147 & 149

Ancienne Jurisprudence, concernãt le retranchement des Donations inofficieuses, abrogée. 138

Donation entre-vifs imputée en la légitime du fils Donataire. 139

Donations qui peuvent être chargées du payement des légitimes. 145 & 146

Donation ne peut jamais être onéreuse au Donataire, ni l'obliger au-delà des choses données. 25

Peut être répudiée en tout tems. 26 51 & 144

Donner & retenir ne vaut. 68 & 73

Cette maxime a-t'elle toûjours lieu. 85

Donation entre-vifs à quelque titre que ce soit, par ceux qui n'ont point d'enfans ou descendans vivans lors qu'elle est faite, révoquée de plein droit par survenance ou légitimation d'enfans. 152 & suivantes.

Donation pour services doit au moins subsister pour la valeur de ces services quand ils sont prouvés, nonobstant la survenance des enfans. 154

Donation faite à l'Eglise, à la cause Pie, ou pour tenir lieu de titre Clérical, est-elle révoquée par la survenance des enfans? 155

Donation révoquée de plein droit, fait rentrer les biens donnés dans le Patrimoine du Donateur, libres de toutes Charges & Hypothéques du chef du Donataire, quand même le Donateur se seroit obligé comme Caution. 161 & 164

Circonstances qui avant l'Ordonnance de 1731. pouvoient faire subsister la Donation nonobstant la survenance des enfans. 159 160 & 166

Donation révoquée par ingratitude, quand & par qui l'action doit-elle être intentée? 155

N'a aucun effèt rétroactif au préjudice des Créanciers qui ont contracté dans l'intervale de la Donation à la demande en révocation. 162

Donation entre-vifs ou à cause de mort, dépend moins des termes ou de la qualification de l'Acte, que des conditions qui la rendent révocable ou non. 18

Donations entre-vifs qui ne subsistent qu'autant qu'elles sont confirmées par la mort. *ibid.* & 176

Sont-elles révoquées par un Testament postérieur? 177

Ne sont valables qu'autant que le Donataire survit au Donateur, & que celui-ci ne les révoque. 178

Donation entre-vifs qui ne peut valoir en cette qualité, ne vaut-elle pas au moins comme Donation ou disposition à cause de mort? 15 & 175

Donation à cause de mort & sa solemnité ou forme extrinséque. 12 & 13

Donations réputées faites à cause de mort. 10 15 & 16

Donations sous signature privée, ci-devant valables en certains Parlemens, abrogées pour l'avenir dans tout le Royaume. 5 & 7

Donations faites avant l'enregîtrement de l'Ordonnance de 1731. confirmées comme elles auroient pû & dû l'être auparavant. 179

Donations qui doivent être acceptées à peine de nullité. *Voyez Acceptation.*

Donations qui doivent être insinuées, & celles qui ne sont pas sujettes à cette formalité. *Voyez Insinuation.*

Donation dont les biens font retour *Voyez Retour.*

Donation révoquée. *Voyez Révocation.*

*Dot*, peut être augmentée pendant le Mariage; mais n'a pour cette augmentation aucun Privilége sur les créanciers antérieurs du mari. 36

Dot sujette au retranchement pour remplir la légitime, même pendant la vie du mari. 141

De quelle façon jugeoit le Parlement de Toulouse, sur ce Point, avant l'Ordonnance de 1731. *ibid.*

Distinction que faisoient les Auteurs, & les Arrêts à ce sujèt. 142

Dot, ne peut être restituée aux dépens des biens donnés, qui reviennent au Donateur en vertu de la révocation par survenance d'enfans, affranchis de toutes dettes & hypothéques du Donataire qui par raport au Donateur demeurent éteintes & résoluës. 161 163 & 164

# E

EGlise, ne peut être relevée du défaut d'Insinuation. *Voyez Insinuation.*

*Election.* Peut-on toûjours varier en fait d'Election ? 59

*Enfans* qui ne sont nés ni conçûs, incapables d'acquerir par Donation, si ce n'est par le Contrat de Mariage de leurs père & mère. 39

Peuvent être institués héritiers, *la même.*

Enfans légitimés par le Mariage subséquent, sont par-là rendus de condition égale aux enfans légitimes, à moins que le Mariage ne fut contracté *in extremis.* 156

Si l'enfant dont la naissance a fait révoquer la Donation, vient à décéder avant son père Donateur, la Donation doit-elle avoir son effet ? 165 & 166

Enfans légitimaires que doivent-ils imputer en leur légitime ? *Voyez Légitime.*

*Enregitrement* des Ordonnances. 179 & 180

# F

FEmmes, ne peuvent accepter sans être autorisées par leurs maris, ou par Justice, sauf pour le Paraphernal. 34

Femme en Païs Coûtumier, ne peut pendant le Mariage contracter ni ester en jugement, si elle n'est autorisée par son mari, ou par Justice à son refus. 35

Femme en Païs de Droit écrit, peut traiter valablement pour ses biens non constitués en dot, sans être autorisée de son mari. 36 & 37

Femme peut disposer de sa portion de Donation à cause de Nôces, en le faisant expressément, 95 & 96

Femme Donataire, quand est-ce qu'elle a droit de récourir sur son mari pour les Donations qui lui sont faites, & qui deviennent nulles par le défaut d'Insinuation 122

Femme de quel jour a-t'elle hypothéque tacite sur les biens de son mari qui a administré ses biens Paraphernaux. 124

Femme maîtresse absoluë de ses Paraphernaux. 125

Tout ce que la femme posséde, dont le titre & l'origine ne paroît pas, est présumé appartenir au mari. 126

Tout ce que la femme gagne *constante matrimonio*, par son industrie, est acquis au mari. 127

Femme, de quel jour le délai de quatre mois pour insinuer une Donation entre-vifs, commence-t'il à courir contre la femme ? 130

*Fiancés*, peuvent-ils se donner. *Voyez Donation.*

Fils de famille peut donner valablement avec le consentement de son père. 13

Petit-fils appellé à tous les droits

de ses père & mère. 40

Nulle Fondation ne peut s'introduire, & nul Service se faire dans une Eglise, sans l'avis du Curé. 33

## H

Héritier. Un enfant à naître peut être institué héritier. 39

Héritier qui n'a fait Inventaire, ne peut répudier, & est ténu indéfiniment à toutes les charges des biens. 51

Celui qui a promis d'instituer, ne peut rien faire en fraude de l'héritier contractuel; mais cette promesse ne lui ôte pas la liberté de contracter en achetant, vendant, &c. *More boni patris familias*, ni de faire des Legs ou Donations modérées. 52 & 53

*Hôpitaux*, Hôtels-Dieu & autres semblables établissemens de charité, ne peuvent récuëillir les donations entre vifs qui leur sont faites, s'ils ne sont autorisés par des Lettres Patentes du Roi, Régîtrées aux Parlemens. 30

Qui doit accepter pour eux. *Voyés Acceptation.*

Hôpitaux ne peuvent être relevés du défaut d'Insinuation des Donations entre-vifs qui leur sont faites, sauf le recours contre leurs Administrateurs. 132

*Hypothéque* tacite de la femme sur les biens de son mari qui administre ses Paraphernaux a-t'elle toûjours lieu? & de quel jour? 124 & 125

Hypothéque, de quel jour s'acquiert elle sur les biens du Tuteur, Curateur, ou autre Administrateur, même des biens de l'Eglise? 125

Hypothéque, quand & dans quel tems se prescrit elle par les Acquereurs contre les Créanciers? *Voyés Prescription.*

## I

Imputation. Que doivent faire les Légitimaires. Voyés *Légitime.*

*Insinuation* des Donations entre-vifs: quelle est la première Loi qui a prescrit cette formalité? 91

Motif qui a fait introduire l'Insinuation des Donations. 87

Forme en laquelle l'Insinuation des Donations doit être faite. 109

Insinuation: ou? comment? & dans quel tems doit-elle être faite. 101 103 104 105 109 & 110

Insinuation faite au Siège d'une Senéchaussée, tandis que les biens donnés sont répandus dans d'autres, valide-t'elle la Donation pour le tout? 106

Insinuation quand le Donateur chãge de domicile, avant ou après qu'elle a été faite. 106 & 107

Insinuation faite dans le délai, quoi que le Donateur soit décédé, a un effet rétroactif au jour de la Donation; & celle faite après, du vivant du Donateur, n'a effet que du jour de sa date. 108 111 & 117

Insinuation faite après le decès du Donataire; & le délai pour insinuer expiré, comment regardée? 113

Insinuation n'est pas nécessaire aux

Donations faites en ligne directe dans les Contrats de Mariage. 87 & 121
Insinuation réquise à toutes autres Donations entre-vifs, même rémuneratoires ou mutuelles, à peine de nullité. 91
Sauf celles faites pour services rendus & prouvés autrement que par la Donation. 92 & 93
Le Parlement de Toulouse jugeoit, même avant l'Ordonnance de 1731. que les seules Donations pour cause de Dot, n'étoient pas sujettes à l'Insinuation, nonobstant l'Art. LVIII. de l'Ordonnance de Moulins. 88
Le Parlement de Paris le jugeoit aussi de cette manière; & de plus, il ne faisoit aucune différence entre la Donation pour constitution de Dot, & celle d'un père à son fils pour cause de Mariage. 89
Insinuation est-elle réquise aux dons mobiles, Augmens, contre-Augmens, Engagemens, droits de Rétention, Agencemens, gains de Nôces & de survie? 95 & 97
Insinuation des Donations entre-vifs faites à la cause Pie, n'étoit pas nécessaire avant l'Ordonnance de 1731. 93 & 94
Insinuation non réquise aux Donations mobiliaires quand il y a tradition réelle. 98
Il en est de même de la Donation d'une somme jusqu'à 1000. liv. réellement délivrée. *ibid.* & 99
Insinuation quand il y a intervale de la Donation à l'acceptation. 114
Insinuation des institutions Contractuelles, & des Donatior de tous biens présens & à venir, dans les cas où elles sont tolérées. 108
Insinuation nécessaire à toutes Substitutions. 90
Le titre Clérical est-il sujèt à cette formalité? 91
Le défaut d'Insinuation ne rend pas la Donation nulle, pour la somme à concurrence de laquelle les Loix permettent de donner sans observer cette formalité. 66
Ni n'empêche pas le Donataire de rénoncer à la Donation lorsqu'elle lui est onéreuse. 83
Le défaut d'Insinuation dans les cas où elle est nécessaire, peut être opposé par tous ceux qui y ont interêt, autres que le Donateur. 115 & 117
Ce défaut peut être opposé par les héritiers du Donateur, au Donataire qui joüit, & aux siens, pendant trente ans, à compter du decès du Donateur. 118
Le Parlement de Toulouse jugeoit avant l'Ordonnance de 1731. que le défaut d'Insinuation ne pouvoit être opposé que par les Créanciers & Tiers-Acquereurs, ou par les enfans héritiers de leur Père, quand la Donation par lui faite regardoit un Etranger. - 112 115
Le défaut d'Insinuation empêche le Donataire qui joüit, de prescrire l'action Hypothéquaire. Voyés *Prescription*.
Il n'y a que la connoissance légale-

de la Donation, telle que la donne l'Insinuation, qui puisse faire déclarer irrécevable un Créancier ou autre interessé à opposer ce défaut. 118 119

Le défaut d'Insinuation peut être opposé à la femme & à ses héritiers, pour les Donations faites à son profit, même à titre de Dot, dans tous les cas où l'Insinuation est nécessaire, à peine de nullité. sauf son recours, s'il y échoit, contre le mari qui a négligé l'Insinuation. 120 121 & 129

Ce recours n'a lieu quand il s'agit de biens Paraphernaux dont la femme seule retire tout l'avantage, à moins que le mari n'en ait la joüissance & administration. 122 & 123

Ni quand les revenus ou interêts ont été pris & employés par le mari sans contradiction de la femme, à leurs usages ou de leur famille. 125

Le défaut d'Insinuation ne peut pas être opposé à la femme, par le mari ni ses héritiers, à moins que la Donation lui eût été faite pour lui tenir lieu de bien Paraphernal, & qu'elle en eût la libre joüissance & administration. 128

De quel jour le délai de quatre mois pour insinuer commence-t'il à courir contre la femme? 130

Le défaut d'Insinuation ne peut être opposé par les Tuteurs, Curateurs. Administrateurs, ou autres, à ceux qui sont sous leur autorité, dont ils sont ténus de faire insinuer eux-même les Donations qui les regardent. 131

Il n'y a ni moyen, ni privilège, par lequel aucun Donataire puisse être relevé du défaut d'Insinuation, non pas même les Pupilles, ni la Cause Pie, sauf leur recours contre leurs Tuteurs ou Administrateurs. 132 & 134

Ressort du Parlement de Flandres non compris dans l'Ordonnance de 1731. concernant l'Insinuation des Donations entre-vifs. 134

*Institution*. De l'effèt que produit la promesse d'instituer : & de ce que peut faire ensuite celui qui en est l'auteur? 52

Il ne peut rien faire en fraude de l'héritier contractuel. *ibid.*

Institutions contractuelles faites en Contrat de mariage, n'ont pas besoin d'acceptation. 50

Institutions héréditaires & autres dispositions entre-vifs ou à cause de mort, qui ne subsistent que par la faveur du mariage, ne sont valables & irrévocables, qu'autant que le mariage s'en est ensuivi. 54

Distinction entre l'institution contractuelle & la Donation de tous biens présens & à venir. 55 & 56

Différence entre l'Institution ou substitution contractuelle, & l'Institution ou substitution testamentaire. 56

*Interdit* par autorité de Justice, peut-il accepter la Donation entre-vifs qui lui est faite? *Vid. Acceptation.*

*Interpellation* judiciaire concernant les fruits. 160

*Inventaire*. Le défaut d'Inventaire

n'eſt pas un obſtacle à la répudiation du Donataire. 51

# L

*Légitimation* rend les enfans légitimés par mariage ſubſéquent, de condition égale aux enfans légitimes, à moins que le mariage ne fût contracté *in extremis*. 156

Légitimation par Lettres du Prince, & des effèts qu'elle produit. 157

*Légitimaires*, de quel jour peuvent-ils agir? 143

*Légitime* des enfans ſuivant la coûtume de Paris. 135

Légitime réglée par le Droit écrit. 136

Quels ſont les biens qui entrent dans la maſſe du Patrimoine pour régler les légitimes? *ibid.* 137 & 140

Qu'eſt-ce qu'on eſt obligé d'y imputer? 139

De quel jour commence-t'elle à preſcrire? 143 & 151

Légitime non compriſe dans la Donation ſous le nom de charges. 50

Légitime priſe ſur les biens poſtérieurement acquis à la Donation, & s'ils ne ſuffiſent pas, ſur les biens donnés. 148 & 149

Si les biens que le Donateur laiſſe à ſon decès, ne ſuffiſent pas pour fournir la légitime des enfans, eu égard à la totalité des biens donnés, la légitime ou ce qui manque à la remplir, ſe prend d'abord ſur la dernière Donation, & ſubſidiairement ſur les autres: & ſi un ou plusieurs des Donataires ont droit de légitime, ils peuvent retenir les biens donnés à concurrence de leur légitime, & ne ſont tenus que de l'excédant envers les autres Légitimaires. 135

Légitime non remplie, eſt préférable à la Dot, & la retranche au *prorata* même pendant la vie du mari. 141

Raiſon de cette déciſion. 142

Comment jugeoit en ce Point le Parlement de Toulouſe avant l'Ordonnance de 1731? 141

Légitimes que le Donataire doit payer ou contribuer à payer? 144 & 146

Légitime que le père eſt obligé de payer par anticipation. 147

*Lettres de naturalité*, ont un effèt rétroactif au préjudice d'un tiers. Impétrant en matière Bénéficiale. 31

Lettres Patentes accordées après coup à une Communauté, produiſent-elles le même effèt, pour valider les dons qui leur ont été faits? *ibid.*

Lettres du Prince non néceſſaires contre les Actes déclarés nuls par le Droit Romain, les Ordonnances Royaux, ou les Coûtumes des Lieux. 61 & 169

Lettres de Réciſion, contre une Donation par ingratitude; par qui, & dans quel tems? 171 & 172

# M

*Mariage*. Contrats de Mariage ſuſceptibles de donation, d'inſtitution héréditaire, &

& de restitution de Fideicommis. 52 & 59

Mariage qui est la cause finale des dispositions entre-vifs ou à cause de mort, doit s'accomplir pour qu'elles soient valables. 54

Mariage dont la faveur seule fait subsister certaines Donations. 55

Des dispositions qui tiennent, quoi que le Mariage ne s'accomplisse pas. *ibid.*

Mariage subséquent, légitime les enfans s'il n'est contracté *in extremis.* 156

Mariage dont le Contrat porte Donation en faveur des Futurs conjoints ou des enfans qui en naîtront. Voyés *Donation.*

Conventions Matrimoniales n'empêchent pas que la Donation révoquée par survenance d'enfans, ne fasse revenir les biens au Donateur libres de toutes charges. 161

*Mineur* lèzé doit se pourvoir dans les dix ans de sa Majorité accomplie. 62

Mineur obligé de se faire pourvoir de Curateur, lors qu'il demande ou défend en Justice. 26

Mineur peut-il donner entre-vifs? Voyés *Donation.*

Mineur peut-il accepter la Donation qui lui est faite? Voyés *Acceptation.*

Mineur relevé avant l'Ordonnance de 1731. du défaut d'Acceptation, en demandant d'être restitué dans les dix ans de sa Majorité accomplie. 25

Mineur ne peut plus depuis cette Ordonnance être relevé du défaut d'Acceptation, mais il a la liberté d'agir contre son Tuteur ou autre Administrateur, qui devant accepter pour lui ne l'a point fait. 60

Mineur ne peut être restitué du défaut d'Insinuation; mais il peut recourir à raison de ce, contre qui de droit. 132

Mineurs ne peuvent disposer en faveur de leurs Tuteurs, Curateurs, ou autres leurs Administrateurs, si ce n'est de leurs Ascendans non remariés. 132

Minute de la Donation doit rester au Notaire. 19

## N

NOtaire doit garder la Minute ou Original de la Donation dans ses Régîtres. 19

Ne peut accepter pour le Donataire absent. *ibid.*

*Naturalité. Voyés* Lettres de *Naturalité.*

## O

OPtion du Donataire pour prendre la Donation de tous biens présens & à venir, du jour de l'Acte qui la contient: du jour qu'il a été élû; ou du jour du decès du Donateur. 77 78 148 & 150

Option faite du jour du decès du Donateur oblige le Donataire à prendre les biens tels & en l'état qu'ils se trouvent, & à payer les dettes jusqu'alors contractées. 79

Option du jour de la Donation, affranchit le Donataire des dettes postérieures. 150

Option expresse ou tacite, empêche le Donataire de varier, & de prendre ensuite la Donation d'un autre tems. 79

*Ordonnance.* Ne doit avoir lieu que pour l'avenir, à compter du jour de l'Enregîtrement. 179

L'Ordonnance de 1731. déroge à tous Usages, Coûtumes & Privilèges contraires, & n'a lieu que pour l'avenir, non pour le passé. 180

P

*Araphernaux.* La femme en est maîtresse absoluë, & le mari ne peut s'en mêler si elle ne le veut. 36

Paraphernaux administrés par le mari, donnent-ils toûjours hypothéque à la femme & de quel jour? 124 & 125

*Patrimoine.* Quels sont les biens qui entrent dans la masse qui le compose pour régler les légitimes? 136 137 & 140

*Pauvres* peuvent-ils être institués héritiers? 33

Pauvres ne peuvent être restitués envers le défaut d'Insinuation, *voyéz Insinuation.*

*Portion virile* de la femme & comment elle peut en disposer. 95

Cette portion n'est pas comprise dans l'institution héréditaire, ni dans la vente, obligation, ou autre disposition de la femme, s'il n'en est parlé expressément, 96

Portion virile, y ayant des enfans de deux lits, à quels d'entr'eux appartient-elle? *ibid.*

Portion virile peut-elle être conservée par le fils qui a répudié l'hérédité de sa mère? *ibid.*

*Prescription*, de quel jour commence t'elle à courir en faveur du Donataire. 143 & 151

Prescription de l'action Hypothéquaire. 170

Prescription qu'on peut opposer pour exclurre le retour des biens donnés, lors que la Donation est révoquée par survenance d'enfans. 169

*Prétérition.* Annulle-t'elle toûjours le Testament? 137 & 140

Différence sur ce Point, entre les Parlemens de Paris & de Toulouse. 140

Prétérition produit-elle le même effet contre le Testament quand le Posthume prétérit est mort avant le Testateur? 166

*Prêteur.* Quelle attention doit avoir celui qui prête son argent? 113

*Pupilles.* Qui doit accepter pour eux les Donations entre-vifs qui leur sont faites? Voyés *Acceptation.*

R

*Ecision* d'un Acte déclaré nul par la Loi. 61 & 169

Nul ne peut être restitué contre le défaut d'acceptation. 60

Ni en fait d'Insinuation des Donations, négligée ou omise, sauf le recours de droit. 132

En fait de récision, toutes Communautés Ecclésiastiques & Laïques, Séculières ou Régulières jouïssent du privilége des Mineurs, pour être restituées envers les Actes qui les lézent. 62

Dans quel tems doivent-elles agir à cet effèt? *ibid.* & 63

*Régle, utile per inutile non vitiatur*, est-elle toûjours sûre en matière de Donations? 67 & 74

*Réligieux* peut-il donner entre-vifs ou à cause de mort. 11

quels sont les Réligieux qui se sont interdits la liberté de posséder aucuns biens? 32

*Réligieuse.* Si ce qui lui a été baillé pour Dot ou entrée en Réligion, doit faire fonds à la masse pour régler la légitime des autres enfans? 140

*Rémontrances* des Parlemens avant de procéder au Régître des Edits, Ordonnances, Déclarations & Lettres Patentes. 179 & 180

*Rénonciation* par le fils ou la fille dans son Contrat de Mariage, à la succession, l'exclut en Païs Coûtumier du supplement de légitime. 143

En Païs de Droit écrit, cette rénonciation n'est pas un obstacle à la demande en Supplement. *ibid.*

Mais alors il faut impetrer des Lettres, pour être relevé en entier, & venir dans le délai des actions récisoires. *ibid.*

Rénonciation à la Donation entre-vifs, par le Donataire. 144

Rénonciation à la révocation, par le Donateur, ne peut produire aucun effèt. 168

Rénonciation à un privilége, est valable quand elle n'interesse que celui qui l'a faite. 169

*Répudiation* peut être faite par le Donataire, quoi qu'il n'y ait pas d'Inventaire, & non par l'héritier contractuel, ou autre si l'Inventaire manque. 26 51 & 144

Répudiation faite par le fils de l'hérédité de sa mère, ne lui ôte pas la liberté de retenir la virile s'il y a été expressement nommé. 96

*Reserves* du Donateur qui décéde sans en disposer, vont à ses héritiers & non au Donataire. 71

quand vont-elles au Donataire? 82

*Retour* des biens donnés par le prédecès du Donataire, en faveur desquelles personnes a-t'il lieu? Et s'ils reviennent toûjours au Donateur libres & exempts? 172 & 175

Retour cesse-t'il toûjours par l'existance des enfans du Donataire? 43 & 172

Retour a lieu pour toutes personnes quand il est stipulé, & se transmet aux héritiers du Donateur. 175

Retour. Si la fille doüée par son père laisse deux enfans de divers Lits, & que celui du premier Lit décéde après elle: qui doit recüeillir sa part? Est-ce l'Ayeul, ou le père? ou bien le frère qui reste? 173 & 174

Retour contre le Fisc, n'a-t'il lieu que par le prédecès *si sine liberis* du Donataire? 43

*Retranchement* des Donations,

& de la Dot, pour remplir les légitimes : Voyés *Donation.* Voyés *Dot.*

*Révocation* des Donations entre-vifs par survenance d'enfans, encore qu'ils fussent conçus au tems de la Donation. 152 & 157

Comment jugeoit-on sur cette espèce aux Parlemens de Paris & de Toulouse, avant l'Ordonnance de 1731 ? 153. & suivantes jusques à 158.

Cette révocation a lieu, quand même le Donataire seroit entré en possession des biens donnés, & en auroit joüi. 159

Mais le Donataire n'est alors tenu de restituer les fruits que du jour que la naissance ou légitimation lui a été notifiée. *ibid.*

Révocation de plein droit, fait rentrer les biens donnés dans le Patrimoine du Donateur exempts de toutes charges & hypothéques du Donataire, quãd même le Donateur se seroit obligé comme caution. 161 & 164

Révocation de Donation, *per supervenientiam liberorum*, anéantit l'Acte qui ne peut revivre ni être confirmé par aucun autre ; mais le Donateur a la liberté de disposer en faveur de qui bon lui semble. 165 & 167

Révocation de Donation par ingratitude, & des causes qui y donnent lieu. 155 & 161

Révocation d'une Donation par un Testament postérieur. 177 & 178

Comment jugeoit-on avant l'Ordonnance de 1731. sur les effets que devoit produire la révocation par survenance d'enfans & par ingratitude. 162 & 163

## S

*SEparation* de biens remet sur la tête de la femme toutes les actions concernant la dot. 36 & 37

*Substitution* testamentaire, différente de la Substitution contractuelle ; & leurs effèts en fait de caducité. 7 & 58

Substitutions sujettes à l'Insinuation. 90

Deffaut de publication & enregîtrement des Substitutions ne peut être opposé en aucun cas aux substitués par les Héritiers, Donataires & Légataires. 116

*Successions* Testamentaires dépendent de la volonté du Testateur. 40

Succession *ab intestat*, ne peut être récüeillie que par ceux qui sont nés ou conçûs au moment qu'elle est ouverte. *ibid.*

*Supplement* de légitime peut être demandé pendant 30. ans, à compter du decès du père ou de la mère qui y donna lieu. 143

## T

*TEmoins*, quel nombre en faut-il aux Donations entre-vifs ? 9

Combien aux Donations à cause de mort ? 13

*Testament* converti en Donation à cause de mort. 17

Testament nul par prétérition. 139 & 140

Testament nul par prétérition d'un Posthume, reprend-il sa force si le prétérit décéde avant le Testateur ? 166

*Titre Clerical*, a-t'il besoin d'être insinué ? 91

Donation pour tenir lieu de Titre Clerical, *Voyez Donation.*

*Transmission*, en fait d'un Fideicommis universel n'a jamais lieu qu'en défaut des autres enfans appellés de leur chef, 58

*Tuteur* qui donne à son Pupille, 29

Tuteur garant envers son Pupille de ce qu'il n'a point fait, le devant faire, & de ce qu'il a fait lors qu'il ne le devoit pas, 60 & 63

Recours subsidiaire du Mineur, contre les Parens qui ont nommé le Tuteur en Païs de Droit Ecrit, peu connu dans le Païs Coûtumier, 63

Tuteurs peuvent disposer en faveur de leurs Pupilles, & non ceux-ci en faveur de leurs Tuteurs., 131

## V

V*Ariation*. Peut-on toujours varier en fait d'élection qui a choix & trait de tems ? 52

FIN.

www.ingramcontent.com/pod-product-compliance
Ingram Content Group UK Ltd.
Pitfield, Milton Keynes, MK11 3LW, UK
UKHW022059260726
13993UKWH00001B/221

9 782329 300948